Além do Câncer de Mama

ALDA ELLIS

Além do Câncer de Mama

NOSSAS HISTÓRIAS DE ESPERANÇA E CORAGEM

Traduzido por
Karen de Andrade Bandeira

CPAD

Título do original em inglês: *Beyond Breast Cancer*
Harvest House Publishers, Eugene, Oregon, EUA
Primeira edição em inglês: 2002

Tradução: Karen de Andrade Bandeira
Preparação dos originais: Daniele Pereira
Revisão: Kleber Cruz
Capa: Eduardo Souza
Editoração: Leonardo Marinho

CDD: 248 - Vida Cristã
ISBN: 85-263-0661-8

As citações bíblicas foram extraídas da versão Almeida Revista e Corrigida, edição de 1995, da Sociedade Bíblica do Brasil, salvo indicação em contrário.

Para maiores informações sobre livros, revistas, periódicos e os últimos lançamentos da CPAD, visite nosso site: http://www.cpad.com.br

SAC - Serviço de Atendimento ao Cliente: 0800-701-7373

Casa Publicadora das Assembléias de Deus
Caixa Postal 331
20001-970, Rio de Janeiro, RJ, Brasil

1ª edição/2004-3. Have you taught your students about the different opportunities for service at

Para

Pat McClelland

Foi ela a primeira a dar-me a oportunidade de participar de algo tão significativo.
Ela instruiu não somente a mim, mas a incontáveis pessoas, a prosseguir com força e coragem.

Agradecimentos especiais a todas as senhoras mencionadas neste livro, que me permitiram retratar suas histórias verídicas e pessoais.

E à terna memória de minha mãe.

Advertência

Aconselhamos às leitoras que consultem seus médicos antes de seguirem as sugestões aqui apresentadas.

Este livro não pretende substituir recomendações médicas ou tratamentos para enfermidades específicas. Tampouco a autora, ou a editora, assume quaisquer responsabilidades por possíveis conseqüências adversas resultantes de informações aqui contidas.

Sumário

Quando as tempestades da vida destroem tudo inesperadamente, ou quando um choque interrompe a calmaria, a esperança abre uma pequena réstia de luz através da escuridão. Embora o câncer de mama seja uma doença que atinja uma em oito mulheres, nenhuma está preparada para o diagnóstico chocante.

Capítulo Um

Depois da Chuva, um Arco-íris

Ora, a fé é o firme fundamento das coisas que se esperam
e a prova das coisas que se não vêem.
Hebreus 11.1

EU ESTAVA CONCENTRADA EM MINHA FAMÍLIA e em nossos negócios. Tinha um catálogo para concluir e *showrooms* para preparar, mas agora, meu computador estava me dando nos nervos. Por semanas, pensei em comprar um computador novo — uma dolorosa opção, já que estava habituada ao velho. Desde que tenho o meu escritório em casa, o computador tem sido o instrumento que uso diariamente. Eu sabia como ligar, instalar, deletar e produzir com a minha máquina. Contudo, minhas dificuldades aumentavam à medida que as necessidades cresciam mais que as habilidades. Meu computador era como um suéter favorito, ou como um par de sapatos desconfortáveis que se tornaram macios. Mas quando minha tela congelou, conforme ocorrera tantas vezes, finalmente me decidi.

Reuni meus amigos expertos em computador e pedi sugestões sobre o tipo de aparelho que deveria comprar. Seguindo seus conselhos, adquiri uma nova máquina. Quando o computador chegou, em todas aquelas caixas lindas e coloridas, procurei, tranqüilamente, desembalá-lo. Entretanto, senti medo abrindo as caixas e espalhando isopor para todo lado. Descobri depois que não estava sozinha em minha hesitação. Quando minha irmã recebeu seu computador novo em casa, ele ficou lacrado nas caixas durante semanas, antes que ela se animasse a romper os lacres.

Certa noite, após o expediente, minha amiga Michele e eu trabalhamos noite adentro reunindo todos os componentes: impressora, scanner, monitor, teclado e CPU. Nós os conectamos e ligamos. Por termos ficado, de tempos em tempos, tentando ler as instruções, gastamos uma noite inteira desinstalando meu aparelho antigo e ligando o novo.

A noite chegava ao fim, quando ouvimos um ruído vindo do disco rígido. Finalmente, meu novo computador estava ligado e funcionando. Nos dois dias seguintes, ordenei, sem interrupção, cada arquivo; experimentei novos programas e reinstalei alguns velhos. Atrasada com o meu trabalho, e determinada a começar o dia bem cedo, trabalhei diligentemente até às três e meia da madrugada, organizando tudo conforme as minhas necessidades.

Segunda-feira de manhã, finalmente me sentei com um suspiro de alívio, achando que tudo estava preparado e daria certo. Poderia retomar intensamente a tarefa.

Olhando pela janela, apreciei, de minha mesa de trabalho, a paisagem de um belo dia de outono. Nossos carvalhos centenários estavam deslumbrantes com seus mantos dourados de folhas outonais. Os frutos eram abundantes aquele ano, assim como os esquilos.

Um repentino e barulhento estrondo quebrou o silêncio. Senti tremerem as paredes e o chão. Percebi vestígios de fumaça, mas não poderia dizer de onde vinha. A casa inteira estava sem eletricidade, sem mencionar que meu computador ficara escuro e silencioso.

Liguei para a companhia de energia elétrica, que imediatamente enviou técnicos para detectar o problema. Nenhum temporal com trovões acometera a nossa área; nenhum relâmpago inesperado aparecera naquele maravilhoso e ensolarado dia de céu azul. Simplesmente, não havia nuvem alguma no céu.

Fiquei lá fora, no topo de nossa colina, olhando nervosamente a estrada, à espera do caminhão da companhia de eletricidade. Completo, com caçamba e tudo, o grande caminhão branco logo veio estrada acima, carregando uma equipe de homens para resolver o problema. Acenando para os trabalhadores, fui até o poste de luz onde o caminhão havia estacionado. Os técnicos precisaram de apenas uns minutos para descobrir o problema: exatamente na parte de baixo de nosso transformador havia um esquilo morto.

"Aqui está o problema, senhora", apontou o técnico. "Raramente vemos isto acontecer. O esquilo estava caminhando nos fios, foi eletrocutado e estourou o transformador. Dê-me uns quinze minutos para eu consertar isto e providenciar uma nova proteção, e assim teremos a sua eletricidade de volta."

Preocupei-me enquanto subia a colina de volta à casa e ao meu escritório. Meu computador novo. Eu acabara de instalá-lo, e ele quase se fora por causa de um esquilo!

Logo descobri que, devido aos mecanismos de proteção existentes no computador, a falta de energia não apagara o meu trabalho. Para meu deleite, nada se perdera. Bastou apertar um botão do computador e achei-me exatamente no ponto onde estivera antes.

Não obstante, eu fora lembrada de minha vulnerabilidade.

A Mamografia Anual

Assim como os passeios daqueles esquilos pelos fios elétricos, minha caminhada espiritual corria perigo sem que eu percebesse. Sou prudente, mas a despeito de toda a precaução, meu mundo poderia tornar-se escuro repentinamente. *Bum!* Não muito tempo depois de minha mãe morrer de câncer de mama, descobri, na mamografia anual, que eu também tinha uma massa informe que necessitava de uma biópsia. Senti como se o meu transformador interno houvesse estourado.

Tentei trabalhar em meu escritório. Tentei cuidar do jardim. Tentei manter-me ocupada — mas nada seria capaz de desviar-me a atenção do problema. Duas e meia da tarde era a hora em que eu saía de carro para buscar na escola o meu filho Samuel, que cursava a oitava série. Eu estava agradecida por aquela simples tarefa diária, pois, em algumas ocasiões, parávamos para tomar um sorvete de casquinha. Este seria um desses dias. Enquanto desfrutávamos de um delicioso sorvete, ouvia o que Samuel me contava sobre o seu dia.

Ele teria um professor substituto de inglês e achara seu livro de história que estava perdido. Na manhã seguinte, fariam uma excursão ao campo. Chegando em casa, Samuel pôs seus livros de lado e saiu para alimentar os cavalos — uma pequena tarefa diária após a escola.

Por vivermos no interior e termos muitas máquinas, costumo reconhecer o som de diferentes tipos de motor. Ouvi o trator sendo ligado por Samuel, e depois sendo levado ao celeiro, como de costume. Entrei em casa carregando, além da mochila e da lancheira de Samuel, o fardo de minhas preocupações acerca das notícias do meu médico. O que a biópsia revelaria? Depois de alguns minutos, escutei o trator funcionando novamente, mas de volta à casa. Samuel saltou dele, chamando-me: "Ei, ei, mamãe! Você precisa ver isto!"

Ele iria contar-me uma surpresa, e eu não podia imaginar o que descobrira, para pedir-me que subisse no trator. Através do bosque úmido, lá fomos nós.

Embora a chuva tivesse passado, as árvores gotejavam enquanto rodávamos pela pastagem, ao redor do lago, acima da montanha, pelo bosque e em direção aos campos abertos. Samuel aproximou-se até parar completamente e desligar o motor.

"Olhe! Olhe para cima!", gritou. "Este é o primeiro que vejo com as duas pontas."

Ao olhar para cima, entendi sua agitação: o mais deslumbrante arco-íris estendia os braços no céu. Meu filho emocionara-se ao ver um arco-íris em sua totalidade. E eu, assim como Noé, entendi o arco-íris como um sinal do amor de Deus por mim.

O assento do trator comportava nós dois juntos, e eu pus os braços em volta de Samuel, num abraço. Ficamos ali olhando para cima, nomeando cada nuança... púrpura, azul, amarelo, laranja, vermelho. Agradecida por meu filho ter partilhado sua descoberta comigo, também me senti grata pela lembrança de que tudo ficaria bem, independentemente do que me reservava o futuro.

Embora seu caminho revele muitas surpresas, reviravoltas e guinadas, enquanto você viaja através de florestas e montanhas, espero encorajar-lhe o coração e iluminar-lhe a trilha com esperança.

Por haver me precavido e feito diligentemente a mamografia anual, tendo a vantagem de usar a última tecnologia, seria tratada num estágio precoce da doença, que atinge uma em cada oito mulheres. Minha mãe não teve tanta sorte. Seu câncer fora detectado no último estágio, quando a única coisa que os médicos podiam fazer era deixá-la mais confortável.

Eu ainda chorava minha mãe quando os médicos descobriram o meu nódulo. No meu caso, a descoberta precoce aliviou o que poderia ter sido uma carga mais difícil, e isso me mostrou que o câncer de mama não é um assunto sobre o qual devemos nos calar. Esta emboscada ameaçadora — o câncer de mama — exige toda a nossa atenção. Mulheres, precisamos estar alertas! Temos de conversar sobre isso, fazer perguntas e dividir nossas experiências. Devemos orar e apoiar umas às outras e oferecer conforto voluntariamente. Sou muito grata por Samuel haver dividido comigo a sua maravilhosa descoberta no céu, porque, de fato, depois da chuva há um arco-íris.

Esperança em Meio à Crise

Toda a minha vida morei no Arkansas, o coração do Tornado Alley. As terríveis tempestades que trazem os tornados são uma desagradável parte de nossa história. Posso me lembrar, dos tempos de minha juventude, da paz que precede a tempestade. Quando o temporal começa a formar-se, uma escuridão cinza e nuvens luminosas anunciam o perigo. Ainda hoje, quando as tempestades passam, fico na minha varanda, olhando para o céu, com o rádio ligado ao fundo. Conheço o trauma que uma tempestade é capaz de provocar.

Os noticiários noturnos e os filmes de Hollywood mostram a rápida destruição feita por um tornado. A câmera esquadrinha os pedaços de uma casa pendurados no galho retorcido de uma árvore. Muitos moradores de nosso Estado vivenciam, em primeira mão, o desastre que parte a casa em pedaços, deixando apenas a fundação.

Logo que nos mudamos para nossa casa, um tornado devastou a região, acertando-nos como a explosão de uma bomba atômica. Por um milagre, nossa casa foi apenas levemente avariada. Uma árvore fora de encontro ao nosso quarto, espalhando cacos de vidro por todos os lados. Mas a estrutura da velha casa de cem anos resistiu à força da tempestade.

Sentada nos degraus da entrada, segurei a cabeça com as mãos e ouvi o som de uma serra. Quando olhei através da confusão de árvores derrubadas, avistei um amigo que não aparecia há algum tempo. Ele não foi o único que veio ajudar. Outros amigos e membros da família reuniram-se para começar a trabalhar e limpar a bagunça.

Entendi o que aqueles bons amigos e familiares estavam fazendo: eles não só colaboravam com amizade e trabalho árduo, mas também contribuíam com esperança. Durante todos os anos em que vivemos nesta casa, nunca me esqueci do que a esperança pode significar em meio à crise.

Para muitos de nós, a terrível tempestade de um câncer de mama faz parte da história. No momento em que ouvimos a notícia de um nódulo e escutamos as palavras "câncer de mama", ficamos em choque. A esperança abre uma minúscula fresta de luz quando a escuridão é tudo o que vemos. A história de mulheres que tiveram a doença antes de nós pode iluminar nosso caminho e dar-nos esperança. Minha oração é que você possa olhar para a luz e encontrar a graça da fé e da esperança.

Não importa quão difícil seja a nossa jornada, ou quão profunda a nossa dor, temos sido abençoadas não apenas com coragem para resistir, mas com vigor para superar as dificuldades. Como cristãs, temos a espada da Palavra de Deus e o conhecimento de que para Ele tudo é possível. Quando a montanha parece alta demais para ser escalada, podemos dizer-lhe simplesmente: "Mexa-se, montanha, e saia da minha frente!"

Deus trabalha de forma tão diversificada em nossas vidas que a história de cada mulher retrata um quadro diferente. Os exemplos deste livro oferecem a percepção de que não somos iguais, ainda que haja um ponto em comum: todas precisamos de... esperança.

Em Hebreus 6.18,19 está escrito: "... tenhamos a firme consolação, nós, os que pomos o nosso refúgio em reter a esperança proposta; a qual temos como âncora da alma segura e firme e que penetra até ao interior do véu".

Espero que, por intermédio da bênção e da inspiração vindas destas histórias, cada sobrevivente seja capaz de segurar bem alto a tocha e reunir confiança para partilhar sua história de vida após o câncer de mama. Possa você oferecer bondade às que estão sofrendo e ter coragem em meio ao seu próprio sofrimento. Minha oração é que este livro ajude a iluminar seu caminho enquanto você viaja envolta no amor de Deus e na benevolência de amigos e familiares. Que você possa segurar firme a luz da esperança.

Dê a si mesma a melhor chance de sobrevivência através da detecção precoce — faça a mamografia anual. Encontre esperança na Palavra de Deus, e no amor e apoio de familiares e amigos.

Às vezes pensamos ter todas as coisas em ordem em nossas vidas quando, de repente, um acontecimento imprevisto abala as rochas da fundação de nossa fé. Nestas ocasiões, é bom recordar: Nas mãos de quem estão os nossos problemas?

Capítulo Dois

Nas Mãos de Deus

E Davi meteu a mão no alforje, e tomou dali uma pedra,
e com a funda lha atirou...
1 Samuel 17.49

QUANDO CRIANÇA, AMAVA A HISTÓRIA DE DAVI e Golias. Admirava especialmente a coragem de Davi, que parecia ser maior que todo o exército filisteu.

Os israelitas demonstraram interesse por Davi, por haver confrontado um gigante com apenas uma pedra e uma funda. Entretanto, para aquele jovem, o gigante era um grande alvo — tão grande que ele sabia ser impossível não o acertar com uma funda e uma pedrinha. Usando a pedra da fé, também podemos derrotar o gigante do câncer de mama. Uma funda em minhas mãos é apenas um brinquedo. Nas mãos cheias de fé de Davi, era uma arma poderosa. O que uma funda pode fazer depende das mãos em que ela está.

Às vezes, acontecimentos imprevistos entram em nossas vidas e abalam as pedras da fundação de nossa fé. Recordar a história de Davi e Golias que nos contavam na infância é um jeito maravilhoso de recordarmos em que mãos se encontram os nossos problemas. Assim aconteceu com Scott Mason, quando, de repente, descobriu que seu diagnóstico apontava câncer de mama. Como Davi, ela soube que poderia matar o gigante, porque suas preocupações, inquietações e temores estavam nas mãos de Deus. Como Davi, Scott percebeu que, em todas as circunstâncias, Deus é maior do que qualquer temor.

A História de Scott

Ao visitar Scott recentemente, conversamos sobre sua jornada e os passos corajosos que deu para encontrar o caminho de volta; retrocedeu do medo e da dúvida para a confiança e a fé.

"Tudo começou com uma simples tentativa de respirar melhor", contou-me. "Por causa de alergias intermináveis e um desvio no septo, eu mal conseguia respirar. Finalmente, desisti. Retornei ao otorrinolaringologista para ver o que poderíamos fazer. Ele achava que era possível aliviar o problema e melhorar a minha respiração com uma cirurgia. Depois dela, seria liberada aos poucos."

Scott organizou uma lista das coisas que planejava fazer antes da cirurgia. Cortaria o cabelo, faria uma limpeza dentária, passaria pela mamografia... Aquele era um bom momento para fazer essas coisas. Mas a mamografia mudou tudo.

"Na minha mamografia", recorda-se Scott, "o radiologista detectou um nódulo escondido, e sugeriu uma ultra-sonografia. O diagnóstico revelou um pequeno caroço que parecia bastante óbvio. Depois da descoberta, ficou muito fácil localizá-lo, já que estava na superfície. A enfermeira, o doutor e eu olhamos as imagens. Pelo silêncio do médico, pude entender a gravidade do achado. Além disso, meu marido é médico, e eu já vira muitos livros e fotos. Eu sabia que poderia estar com problemas".

Percebendo que o nódulo deveria ser removido, Scott chamou seu marido. Ele conversou com o médico, e os três decidiram fazer a biópsia no dia seguinte. A pior parte foi esperar pela chamada telefônica que daria os resultados.

"Meu marido não acreditava que aquilo era possível", disse Scott. "Eu também não acreditava que o câncer de mama fosse possível, porque eu não me encaixava no quadro das possibilidades. Eu não fumava, alimentava-me de forma saudável e isso nunca acontecera na minha família. Se você olhasse para os fatores de risco, os meus seriam zero. Contudo, envolvia-me a mortalha do medo."

O telefone finalmente tocou e trouxe as notícias que Scott e seu marido não queriam ouvir. Não se tratava apenas de um tumor maligno, mas de um câncer agressivo. Scott e seu esposo permaneceram no quarto, atordoados com o diagnóstico.

Contando para os Filhos

Eles queriam que as crianças soubessem o que estava acontecendo, mas não encontravam o momento e nem a forma certa de fazê-lo. Uma amiga de sua filha, que perdera a mãe para o câncer de mama havia um ano, dormiria lá naquela noite. A menininha já tivera um péssimo dia, e Scott não queria torná-lo ainda pior. Então decidiu esperar até que a menina voltasse para casa.

Com o marido ao seu lado, Scott finalmente contou às crianças. Ela começou com a mamografia. "Eu disse-lhes que tinha algumas novidades que não eram boas, mas esta não era a pior notícia. Escolhi cuidadosamente as palavras, porque não queria contar meias verdades e nem manter um segredo."

Ela explicou que seria submetida a uma cirurgia em alguns dias. Os médicos procurariam mais nódulos, e seria horrível se achassem outro tumor. Juntos, como uma família, dividiriam qualquer notícia. "Eles ficaram com o rosto imóvel, e eu perguntei-lhes se tinham alguma dúvida. Procurei ser franca e aberta com eles, mas, obviamente, ficaram chocados."

Nenhuma das três crianças fez perguntas. Cada uma foi para o seu quarto digerir a informação que recebera.

"Dentro de pouco tempo, meu marido desceu para verificar como estavam. Depois que ele afagou cada um deles, desci para fazer o mesmo. Nossa filha mais velha estava sentada com uma caneta na mão, e um lenço na outra, tentando estudar. Meu filho do meio estava quieto. Não ouvi uma palavra dele. Silenciosamente, lágrimas molhavam o seu rosto; ele só queria ficar quieto. Nosso filho mais novo era o mais descontrolado e inconsolável, e era o único que, de repente, tinha muitas perguntas a fazer. Mas chorava tão alto, que dificilmente conseguiria perguntar alguma coisa. Apenas abracei a todos, tentando parecer forte para meu marido e meus filhos."

Scott não percebeu quão arrasada se achava, até que a cirurgia foi feita. "Recebi a notícia dizendo que os nódulos foram retirados, e então derramei minhas lágrimas. Aquelas lágrimas, contudo, eram de alegria; eu estava agradecendo a Deus por esta boa notícia. Foi quando tudo desabou sobre mim. Tentei abraçar a todos calmamente, porque doía ver meu marido tão transtornado. Nunca o vira tão agitado, e estava tentando ser forte por ele."

Seguindo em Frente

Scott continuou a ser forte por toda a família. Ela sempre se manteve otimista quanto ao câncer de mama. "Eu queria que todos soubessem que é preciso seguir em frente. Isto é o que eu tenho, e não há volta. Podemos apenas prosseguir. Como não havia nada diferente que eu pudesse fazer, não devia olhar para trás."

Scott preparou-se para fazer qualquer coisa que os médicos mandassem. A juventude estava ao seu lado. Era mãe de três crianças que dependiam dela. Este motivo foi suficiente para que ela fizesse todo o necessário — até remover o câncer.

"De certo modo, era engraçado", continua Scott, "porque desde que ouvi a notícia, perguntava-me: 'O que fiz de errado?' Mas não havia respostas. As causas de alguns cânceres são conhecidas, mas com o câncer de mama é diferente. Ainda não há uma causa verificável para ele".

Por seu marido ser médico, Scott teve acesso aos livros mais usados e começou a ler por si mesma. "Percebi duas coisas: teria de agarrar-me à fé e deveria confiar em meus médicos."

Na primeira visita de Scott ao médico, ele explicou-lhe os benefícios da quimioterapia. "Eu não conseguia entender por que ele enfatizava isso com tanta força — era como se quisesse convencer-me da quimioterapia. Eu queria saber apenas uma coisa: quando começaríamos? 'Ele está apenas fazendo o seu trabalho', pensava eu. Algumas pessoas não querem fazer tratamento nenhum após a remoção do nódulo. Mas eu queria fazer toda e qualquer coisa que pudesse para diminuir as chances de uma reincidência. Ele explicou os vários tratamentos válidos para mim, bem como os seus efeitos na prevenção ao retorno do câncer."

Scott ficou ouvindo o médico falar. Fechando os olhos, deixou escapar: "Apenas me diga quando poderei começar. Tenho condições de começar hoje, ou devo esperar? Você não precisa falar comigo sobre isso. Estou pronta para começar agora!"

Ajudando a Outras

Scott poderia facilmente voltar todos os pensamentos para si mesma e sua família. Entretanto, estendeu sua visão. Pensando em outras mulheres que teriam câncer de mama depois dela, Scott refletiu sobre como poderia ajudá-las. Estava disposta a experimentar novos medicamentos e ser uma espécie de cobaia humana. "Conheço muitas pessoas que não querem fazer quimioterapia porque isso as deixa muito enjoadas", contou Scott. "Isso preocupava a mim também; sabia que existiam muitos medicamentos novos e falei a respeito com o meu médico. Tentaríamos tudo o que ele quisesse fazer, porque, talvez, isso viesse a ajudar a alguém."

Pude perceber, pela voz de Scott, o quanto ela lutara com as dúvidas. Dúvidas sobre como o câncer poderia ser expulso — ele seria extinto de uma vez, ou voltaria a levantar a sua cabeça hedionda? Sua família partilhava a mesma preocupação. Os amigos também temeram e tiveram dúvidas quando ela contou-lhes sobre o câncer. Scott ligou para uma amiga que, a princípio, encorajou-a com voz suave. Mas depois... "Tão logo desligamos o telefone, ela ligou-me novamente, histérica. E isso aconteceu várias vezes."

Outros amigos também ficaram penalizados ao saberem da situação. Scott relembra: "Eles prosseguiam em suas atividades, mas logo me ligavam de volta, transtornados. Então, partilhava com eles a minha fé; dizia-lhes que não podemos fazer em nossas vidas exatamente o que desejamos... não importa o quanto tentemos. Achamos que temos tudo sob controle, mas nem sempre as coisas acontecem do nosso jeito".

Scott explicou para seus amigos: "Deus nos dá a nossa vida, e quando pensamos que ela está perfeita, algo pode mudar dramaticamente. Podemos ter tudo planejado e fazer previsões, mas sempre alguma coisa vai mudar. Mudança é uma das coisas que podemos estar certos de que acontecerá".

Usando isto para a sua Glória

Perguntei a Scott se já ficara irritada com Deus. Primeiro ela disse "não". Nunca havia ficado triste com Deus. Entretanto, depois de refletir, Scott falou de modo diferente:

"Bem, talvez sim. Eu acreditava fortemente em Deus, mas ficava irritada por não querer que meus filhos crescessem sem mãe, e aborrecia-me orando. Não orava como costumo fazer agora. Eu orava de outro jeito. Ficava parada, de braços cruzados, e dizia: 'Tudo bem, Deus. E agora? O que o Senhor quer que eu faça? O que significa tudo isso? Por que o Senhor quer que eu tenha câncer?'"

Scott riu ao contar-me que a sua conversa soava como a discussão de uma criança com o pai. Finalmente, depois de vencer a raiva, ela estava pronta para fazer a Deus uma declaração de paz: "O que o Senhor quer que eu faça com isto?"

Uma amiga de Scott deu-lhe um livro sobre as mulheres da Bíblia que se mostraram fortes. Scott estava tão debilitada com a quimioterapia, que a amiga leu-lhe as histórias em voz alta. A amiga também orou com ela, e, enquanto falavam com Deus, Scott rogou-lhe para começar a mudar. "Minha oração não começou com um pedido de cura, ou de libertação do câncer, mas pedi-lhe para que isto fosse usado para a sua glória. Decidi aceitar tudo, mesmo que fosse para não ser curada. Presenciara muitas pessoas enfrentando o câncer com ódio, e por isto tornaram-se mal-humoradas e amarguradas. Na quimioterapia, pude ver em seus rostos a ira, e o quanto não desejavam estar ali. Bom, certamente eu também não queria estar ali, mas sabia que não era a única no comando. Sabia que Deus estava no controle da minha vida, e minha oração começou simplesmente assim: "*Deus, mostre-me como o Senhor pode me usar*".

A Ajuda de Outros

Scott enfrentou a primeira quimioterapia sozinha. Na segunda parte do tratamento, cerca de três semanas depois, uma amiga perguntou-lhe se poderia acompanhá-la. "Assegurei-lhe que ficaria bem. Não havia necessidade de ela ir comigo. No dia da sessão, ela bateu à minha porta, e disse que me daria mais uma chance de dizer 'não'. Fiquei comovida, e falei que adoraria se ela me levasse. Ela esteve comigo durante toda a provação; nunca me abandonou. Levou-me a todas as sessões do tratamento e acompanhou tudo. Percebi que o tempo dela era um presente precioso, porque, embora eu tenha feito apenas seis sessões de quimioterapia, aquilo me pareceu uma eternidade."

Familiares e amigos estiveram com Scott em seus momentos mais penosos, mantendo-lhe o bom humor com palavras de encorajamento. Seu irmão trocava receitas com as enfermeiras, e fazia com que todos rissem. Amigos próximos e distantes enviavam cartões e cartas. Ela teve notícias de pessoas que mal conhecia, ou nem conhecia, amigos de sua mãe. Suas palavras tocaram-lhe o coração e provaram ser um maravilhoso remédio.

Sua amiga Dede elaborou um programa de alimentação e recrutou amigos para levarem comida à família de Scott três vezes por semana. Dede começou dando a Scott a lista de quem estava incumbido de trazer o quê, e quando. "Eles até recebiam instruções para colocarem a comida em pratos descartáveis, a fim de que nada precisasse ser devolvido." Scott relata: "Meus filhos abriam a porta quando os amigos chegavam com a comida. Quando eu estava lá, conversava um pouquinho com eles... mesmo com marcas de travesseiro no rosto".

Scott percebeu que o programa de alimentação era uma verdadeira bênção — sua família poderia compartilhá-lo junta. Os familiares e amigos ofereceram muitos presentes de bondade, algumas vezes de forma inusitada. Um dos amigos foi uma verdadeira dádiva, antecipando sempre as coisas, na tentativa poupar a Scott tempo e energia.

Mas Scott contou-me que a maior surpresa viera, novamente, de sua amiga Dede. "Ela alertou a todos os que assinaram o programa de alimentação de que não receberiam notas de agradecimento. Dede enfaticamente me dissera: 'Não envie notas de agradecimento, pois todos estão bem cientes de que não irão recebê-las'."

Em vez de enviar notas, Scott agradeceu a cada um pessoalmente. "Isso foi apenas um grande luxo, já que nós, mulheres sulistas, adoramos escrever notas de agradecimento, ainda que nos dispensem desta obrigação. Não precisei comprar selos e envelopes, escrever as notas, ou colocá-las na caixa de correio. Pequenas coisas simplesmente significam muito."

Scott tentou manter as coisas o mais normal possível durante todo o período da quimioterapia. "Fui favorecida por ter dois motoristas em nossa família; então, a lista de atividades escolares foi mantida, e meu marido podia trabalhar. Havia uma lista de encontros e jogos de futebol que continuaram — apenas tive problemas em recordar-me dos jogos. Provavelmente compareci a alguns deles, mas não me recordo, pois os dias após a quimioterapia foram muito estressantes."

Quimioterapia, Perda de Cabelo, Oração

Como a maioria das mulheres com quem conversei, Scott teve de enfrentar a perda dos cabelos. Ela usou o bom humor e tentou brincar com isso. Mesmo com uma atitude prática, a perda foi difícil. Ela perdeu os cabelos, e também os cílios e sobrancelhas. "A queda foi como o mecanismo de um relógio", constatou, "porque me disseram que no quarto dia meu cabelo estaria desprendendo-se. Achava-me em Nova York, numa viagem, e, sem dúvida, meu cabelo estava caindo".

Scott aplicou fixador de cabelo, esperando mantê-lo na cabeça até que pudesse voltar para casa. Ela queria que seus filhos acompanhassem vagarosamente as mudanças. Assim não seria tão chocante. Scott foi para casa com laquê nos cabelos, que não caíram por completo, mesmo depois que o produto foi retirado.

Em meio às cartas, Scott recebia depoimentos de outros sobreviventes do câncer, que diziam que a pior parte é a perda dos cabelos. Scott decidiu dar um passo à frente raspando-os. Seu marido e filhos reuniram-se ao redor dela, e tentaram fazer disso um acontecimento em família. "Embora fosse difícil encontrar alegria em tal situação, tentamos fazer com que fosse divertido."

Lenços foram a escolha de Scott para cobrir a cabeça, mas ela também comprou uma fabulosa peruca. "Nunca tentei imitar o meu cabelo, porque com a sua finura isso não podia ser feito. Meu novo cabelo era uma linda, longa e loira peruca — que era ridícula, porém muito engraçada. Meu radiologista perguntou-me se antes o meu cabelo era longo e loiro, e eu disse que sim — quando estava na faculdade! Por que não? Decidi. Vamos ter dezenove anos outra vez!"

Freqüentemente as pessoas não sabiam como interagir com Scott quando ela aparecia em público. Muitas não diziam nada. Certa vez, num jogo de beisebol, alguém lhe perguntou se ela gostava daquela peruca. No dia seguinte, uma das mães chamou Scott e desculpou-se pelo o que a outra senhora havia dito. Scott não entendeu sobre o que ela estava falando. A mãe explicou: "Você sabe... ela chamou isso de peruca".

Scott respondeu-lhe: "Bem, é o que isto é... uma peruca. Eu gosto do meu novo cabelo loiro, e isso não me incomoda de jeito nenhum." Scott começou a sentir-se valente. Muitas coisas já não a incomodavam mais.

Sua maior ostentação foi não usar nada na cabeça quando estava em casa. "Conversei com meus filhos, e pedi-lhes que me avisassem caso se sentissem realmente incomodados ao ver-me careca. Eles concordaram com a idéia, embora levasse algum tempo para que todos se acostumassem."

Além da perda dos cabelos, Scott aprendeu a lidar com outros efeitos da quimioterapia. Nem todos eram ruins. O tratamento teve um efeito positivo sobre as alergias de Scott. "Minhas alergias foram embora, desapareceram", afirmou. "Costumava ser alérgica a amendoins e cereais, mas quando me livrei das células malignas, livrei-me também de algumas não tão más. Adquiri muitas células novas, e isso alterou minhas alergias. Aprendi a ser agradecida por todas as coisas positivas."

A exaustão resultante da quimioterapia poderia ser opressiva, mas Scott recorda a sua internação pensando: *Não me sentia mal. Gripe é muito pior que isso. Até um frio intenso é pior que isso.* "Eu ficava deitada lá; era uma fadiga total. A quimioterapia exige muito do corpo, e isso afeta cada pessoa de uma forma diferente. Ela não causa sintomas como uma doença comum. Eu estava apenas muito cansada."

Mesmo com o sistema imunológico debilitado, Scott foi para o Canadá esquiar na neve com a família. "Evitar germes. Não comer frutas e vegetais frescos. Tudo precisava ser lavado", contou Scott. "Eu não poderia usar nem mesmo tinta de caneta. Fiz o que pude para evitar germes, mas estava determinada a nunca perder o ritmo. Então, com o máximo de cuidado, lá fomos nós. Usei máscara no avião e no aeroporto. Era como aquelas que os médicos e as enfermeiras usam em cirurgias. Atualmente, usar a máscara não parece ruim; é apenas algo que não é normal. Quando você vê alguém usando máscara, sente-se mal."

Se Scott visse alguém usando máscara agora, faria um esforço especial para falar com esta pessoa. Durante horas e horas em que usou a máscara no aeroporto e no avião, somente uma pessoa falou com ela em toda a viagem. "A senhora simplesmente perguntou: 'Por que você precisa da máscara? Você está em tratamento?'"

Scott respondeu: "Sim, estou fazendo quimioterapia, e este é o período em que meu sistema imunológico fica debilitado". A mulher seguiu-a: "Você está com uma boa aparência. E então, você vai ficar bem?"

Scott respondeu-lhe com um sorriso: "Acho que sim. Acho que sim".

A conversa foi breve, mas significou muito para Scott. "Foi muito edificante para mim admitir que algo estava errado", reconhece Scott. "Recebi muitos olhares, porém a pergunta daquela senhora mostrou-me que ela se importava, e as suas poucas palavras de encorajamento significaram muito para mim."

Do mesmo modo, a oração de outras pessoas foi um grande conforto e auxílio. "Meus amigos e familiares diziam-me que eu estava em suas listas de oração. Foi reconfortante saber disso. O fato de estar sendo lembrada nas orações da Escola Dominical de minha amiga Dede, por toda a igreja de meu irmão, na Escola Dominical de minha irmã mais nova e em tantas outras orações não apenas elevou-me o espírito, mas confortou-me. Sabia que estávamos fazendo o que podíamos com o poder da oração. Isso fez toda a diferença. Sabia que estava abrigada na fé, e sabia que os braços de Deus estavam ao meu redor. Juntos, poderíamos transpor qualquer dificuldade que aparecesse em meu caminho."

Scott precisava da Palavra de Deus para encorajar-se. Ela descobriu a fonte do vigor em uma Bíblia de Estudo destinada a mulheres, que sua amiga lhe dera. "Eram escritos de esperança que me confortavam e ajudaram-me a atravessar os dias piores. Quando não podia lê-la, uma amiga lia em voz alta. Isso foi o que me trouxe paz."

Passando Adiante

Agora, Scott considera-se uma das mulheres mais afortunadas do mundo, porque através do câncer de mama ela descobriu o seu caminho. "Aos quarenta e sete anos, sinto-me extremamente abençoada por haver achado um sentido para a minha vida. Algumas pessoas vivem cem anos, e não sabem por que estão aqui. Eu sei. Descobri que preciso estar aqui por outras pessoas que estão passando pela mesma situação. Minha vida não é para mim, mas para fazer o que puder pelos outros. Aprendi que um cartão manuscrito, uma palavra de encorajamento, ou uma boa ação, mesmo que pequena, pode fazer uma enorme diferença. Esta é a lição que a vida me ensinou. Este é o meu objetivo. Fui abençoada por tantas pessoas, que agora é a minha vez de fazer isso."

Scott afirma que jamais será capaz de retribuir a bondade de todos... os cartões, as flores, a comida. Agora, quando ela ajuda alguém, esta pessoa precisa passar adiante. "Sei como se sentem", diz ela, "então, eu apenas peço-lhes que passem isso a outras pessoas. Apenas mantenha a bondade em movimento, passando-a ao próximo. Um dia eu fui a receptora, e agora pretendo passá-la adiante".

Como muitas mulheres que vivenciaram o câncer de mama, Scott responde com amor e generosidade. A realização de seu propósito é um lembrete para todos.

Jesus ensinou: "Portanto, tudo o que vós quereis que os homens vos façam, fazei-lho também vós" (Mt 7.12). Na história de Davi e Golias, a lição áurea é a que aprendemos na infância. E é também a lição que deixamos para trás. A difícil jornada do câncer de mama instiga-nos a guardar e a renovar estas lições da infância.

Durante a oração, você precisa abandonar o medo e a dúvida; deve confiar e crer. Estude a Palavra de Deus para encontrar conforto e orientação, e peça para alguém lê-la em voz alta, quando se achar dominada pelo cansaço. Mantenha uma postura otimista em sua guerra contra o câncer de mama, e lembre-se de que, como Davi, você está nas mãos de Deus.

Passando Adiante

*V*ocê recebeu uma demonstração de amor?
Passe-a adiante;
Ela não foi dada a você apenas.
Passe-a adiante;
Deixe-a viajar através dos anos,
Deixe-a enxugar as lágrimas de outra pessoa.
Até que os atos apareçam no céu,
Passe-os adiante.

HENRY BURTON

Nossa jornada na vida eventualmente nos leva a passar pelo vale da sombra da morte. Usando o conhecimento que temos, podemos atravessar os dias sem usar o mapa das estradas a todo momento. Contudo, em tempos desafiadores, precisamos de ajuda.

Capítulo Três

Mapa Espiritual da Estrada

Ainda que eu andasse pelo vale da sombra da morte, não temeria mal algum, porque tu estás comigo; a tua vara e o teu cajado me consolam.
Salmos 23.4

EM MEU NEGÓCIO DE PRODUÇÃO E IMPORTAÇÃO, viajo muito. Algumas viagens implicam em dirigir por longas horas na estrada. Algumas vezes, vou de avião e alugo um carro ao chegar no aeroporto. Dallas, Atlanta e Chicago são cidades que visito freqüentemente, e elas me são muito familiares, em virtude do longo tempo que passo nas estradas. Tenho um bom senso de direção, e lá sempre há estradas sinalizadas para seguir. Não preciso de mapa, embora tenha um no porta-luvas do meu carro, por precaução.

Ocasionalmente, preciso parar no acostamento e pegar o mapa. As linhas azuis, vermelhas e duplas, com números minúsculos, confundem-me. Então, preciso refletir para saber exatamente onde estou. Sinto um enorme alívio quando encontro o meu destino naquele mapa e vejo claramente a forma de chegar onde planejara.

Usando o conhecimento que temos, é possível cumprir as atividades diárias sem usar, a todo momento, o mapa das estradas. Contudo, em tempos desafiadores, precisamos de ajuda. A Bíblia pode providenciar este auxílio.

Um dia, perguntei à minha amiga Joyce McMullen se ela tinha alguma passagem nas Escrituras que falasse ao seu espírito. Sua resposta ajudou-me a perceber que a nossa caminhada de fé pode parecer-se com um mapa de estradas completo, com pontos de referência, acostamentos e estradas principais. Joyce respondeu rapidamente: "Durante toda a minha vida estimei o Salmo 23".

"Ainda que eu andasse pelo vale...?", perguntei. Assim que abri a boca, senti-me uma idiota por haver perguntado o óbvio; eu sabia que ela havia estado lá. Joyce passara pelo momento decisivo do diagnóstico do câncer de mama. Ela passara pelo vale da sombra da morte, como muitas outras mulheres.

A História de Joyce

Joyce atravessou o vale há cinco anos, quando fez o seu primeiro exame, aos cinqüenta e dois anos. Todas as manhãs, seu dia começava com a abertura das portas de sua livraria, localizada na pequena e charmosa cidade de Berryville, nas montanhas Ozark do Arkansas. Sua janela dava para a praça da cidade, onde ela via a vida passar mais vagarosamente que na Califórnia, onde vivera anos atrás. Bancos verdes de madeira acolhiam senhores com bonés de beisebol surrados trocando histórias sob o mastro da bandeira. Com seus escritórios, bancos e farmácias servindo a uma população de apenas três mil habitantes, esta pequena e histórica cidade mantinha seu charme centenário. A livraria de Joyce, *Happenings*, situava-se no ponto mais movimentado da cidade.

Era o mês de novembro, e as pessoas apressavam-se nos preparativos para os feriados. Havia muita coisa a fazer... Membros da família fariam uma visita, e era necessário enviar mensagens aos que não viriam. Além de toda a decoração, comidas e compras a fazer, o ponto alto para Joyce era o Feriado de Portas Abertas da livraria que se aproximava. Exatamente no meio da temporada de mais trabalheira, em casa e na loja, Joyce recebeu uma ligação do consultório de seu médico dizendo que ela precisava conversar com ele. Esta esposa, mãe, avó e dona de livraria fora à clínica naquela semana fazer os exames anuais. Ela foi informada de que havia algo na imagem do raio X que não deveria estar lá. Confirmando seus temores, Joyce ouviu que seria necessário fazer uma biópsia do nódulo encontrado na mamografia.

Como a maioria das mulheres, Joyce sentiu-se chocada com a notícia. "Não podia acreditar, porque o câncer de mama nunca acontecera na minha família, a não ser por minha tia-avó, Anabelle, que eu nem conhecera. Não podia sentir o nódulo, e meu médico também não. A única razão pela qual fiz a mamografia era para não correr riscos, e estou feliz por tê-la feito."

Há dois anos, Joyce perdera sua mãe no Natal. A morte da mãe não fora por causa de um câncer de mama, mas Joyce decidiu não contar a ninguém sobre a sua situação — nem mesmo a seu marido — porque não desejava sentir nenhuma tristeza naquela época do ano. "Na minha mente, pensava que tudo acabaria bem", conta ela, "mas estava preocupada. Minha fé mantinha-me forte, e eu guardava meu segredo".

Uma freguesa muito especial visitava a livraria com freqüência, e as duas mulheres tornaram-se amigas. Esta amiga havia passado por uma mastectomia total anos atrás, e contara isso resumidamente a Joyce. "Ela era a única pessoa que eu conhecia que tivera câncer de mama, e confiei meu segredo a ela, pois estava indo fazer a biópsia. Eu achava que se me mantivesse ocupada, ele iria embora. Mas claro, isso não aconteceu. Durante toda a reunião familiar, estive preparada para carregar em segredo o meu fardo."

Após o Ano Novo, Joyce contou ao marido e à irmã que precisava fazer uma biópsia. "Estou feliz por haver esperado passar os feriados, porque as notícias não foram o que eu esperava. Embora estivesse assustada com o que o cirurgião tinha a dizer, lembrei-me do conselho que aquela senhora me dera na livraria, e de como ela instara que eu procurasse um centro de tratamento da mama. Essa escolha significaria muitas horas indo e vindo, mas aceitei o seu conselho."

Joyce tinha opções de tratamento. Apoiada por seu marido e sua irmã, decidiu fazer a mastectomia com reconstrução. "Estou muito satisfeita por haver tomado uma decisão séria, porque foi muito precioso levantar da cirurgia e ainda ter os seios. É como fazer duas operações diferentes, mas fazendo tudo de uma vez. A reconstrução que os médicos são capazes de fazer é fenomenal."

A família de Joyce reunira-se de todo o país para oferecer-lhe amor e apoio, enquanto estava no hospital. A cirurgia foi satisfatória.

O Auxílio da Pequena Cidade

Joyce disse que até voltou ao trabalho na livraria uma semana depois. Encontrou uma atmosfera receptiva em sua cidadezinha. Tendo morado na Califórnia e em Washington, ela tinha um ponto de referência para comparar com a sua vida em Berryville. "Cidades pequenas são formidáveis", contou-me. "Estou feliz por haver me mudado para cá, onde costumava visitar meus avós nos verões. Estava em muitas listas de oração — da Igreja Cristã, da Igreja Batista, da Metodista, da Igreja de Cristo, e todas as igrejas da cidadezinha — por isso sentia uma paz verdadeira quanto ao meu estado."

Após saber de sua doença, Joyce aprendeu que não era a única que tinha câncer de mama — era apenas uma entre tantas. "Não podia acreditar nas mulheres que vinham à livraria contar-me que também eram sobreviventes. Algumas eu conhecia há anos, e nunca soubera que passaram pelo câncer de mama. Não fazia idéia do número de mulheres que esta doença afetava, mas elas vinham à minha loja, dividiam suas histórias, e diziam-me palavras de encorajamento. Recebi cartas e cartões de gente que eu mal conhecia; pessoas sinceramente preocupadas e desejosas de que eu soubesse que pensavam em mim. Fiquei comovida com os atos genuínos de cuidado das pessoas da minha cidadezinha."

Buscando Ser Normal

Joyce iniciou a quimioterapia três semanas após a cirurgia. Cada um lida de modo diferente com este tratamento e, para Joyce, a quimioterapia foi a coisa mais difícil que já fez; as semanas em que recebia o tratamento foram as mais duras de sua vida. Por um tempo, precisou parar de trabalhar. Seu marido encarregou-se do lar, uma filha cuidou da loja e a outra também ajudou. Joyce afirma que a quimioterapia jamais a deixava com náuseas. "Ficava apenas muito cansada."

Ela recorda que o cansaço era a parte mais difícil. "É como se você estivesse muito ocupada, correndo com os negócios, correndo com a família, correndo com as atividades domésticas, e de repente não conseguisse levantar da cama... É difícil encarar esta realidade. Ao tentar levantar-me, eu simplesmente caía deitada outra vez. Finalmente, após duas semanas, consegui levantar-me um pouco. Acostumada a ser enérgica, Joyce agora esforçava-se para fazer alguma coisa. "Na terceira semana, comecei a passar diariamente algumas horas na livraria, e aprendi que devo ser alguém do povo. Foi muito bom voltar à loja e rever todos. Isto é o que há de tão maravilhoso nesta pequena cidade. As pessoas realmente sentiam a minha falta e preocupavam-se comigo. Aquilo funcionou como uma dose de remédio."

Quando perguntei a Joyce se lera muitos livros quando teve câncer de mama, ela riu. Afinal de contas, é uma proprietária de livraria. "Tendo uma livraria, você pode imaginar que leio todos os livros", disse ela. "Bem, eu realmente li vários, mas mudava de humor quando não queria ver qualquer coisa sobre o assunto. Então começava a ler de novo o que me viesse às mãos, para outra vez me cansar daquilo. Penso que estava apenas buscando ser normal."

Até agora, nada do que Joyce enfrentara se parecia com o normal. Como outras mulheres em quimioterapia, ela enfrentou a perda dos cabelos. Os dela começaram a cair após a primeira sessão. "Eles começaram a aparecer lentamente na minha escova de cabelo, e depois, aos punhados", conta. "Certa manhã, fui ao banheiro, olhei-me no espelho, e acabei raspando a cabeça. Foi difícil, mas não tanto quanto assistir à queda dos fios. Esgotava-me, no banho, ao vê-los entupindo o ralo."

Suas filhas ajudaram-na a escolher uma peruca, e Joyce lidou com o assunto repetindo a si mesma: "Um dia de cada vez. Viverei um dia de cada vez. Sou capaz de lidar com qualquer coisa que surja em meu caminho, porque tenho fé".

Joyce relembra o texto sagrado que a manteve segura todos esses anos — "Ainda que eu andasse pelo vale da sombra..." Isto a ajudou a perceber o quanto deveria ser grata. "Com esta atitude", confirma Joyce, "usava a peruca mesmo num verão muito quente. Certo dia, tirei finalmente a peruca, e nunca mais a coloquei. Ela era muito quente. Meu novo e fino cabelo de bebê começava a nascer".

Levando a Vida adiante

Em uma demonstração de afeto, vinda como uma bênção, os amigos compraram comida, enviaram flores e muitos cartões para Joyce. Sabendo que estaria muito cansada para ler, sua irmã gravara programas do *Discovery Channel* para ela assistir. Apoiada pelos vizinhos, Joyce descobriu ser o centro de todos os grupos de oração da cidade. Seu marido reservou algumas horas do seu trabalho na serraria para ficar em casa. Sua filha manteve a livraria aberta todos os dias, e até mesmo anotou o nome das pessoas que paravam para perguntar como Joyce estava.

Familiares, vizinhos, igrejas e amigos — todos apoiavam Joyce em sua recuperação. Cinco anos depois, as pessoas daquela pequena cidade mantinham-se amáveis e participantes. Sabendo que todas realmente ansiavam tocar seu coração, Joyce afirma: "Minha fé nunca vacilou, e decidi que levaria minha vida adiante e descobriria o propósito do lugar para onde esta estrada estava me levando".

Sua busca por um ideal começou quando se tornou amiga de uma senhora que trabalhava no banco. Joyce a conhecia como freguesa, mas certa vez, ao visitar a livraria, aquela senhora contou-lhe que também era uma sobrevivente do câncer de mama. Tendo sido diagnosticada há apenas um ano, ela forneceu resposta às muitas dúvidas que Joyce tinha. Joyce descobriu que sua generosidade e compreensão eram uma fonte de inspiração e vigor.

"Apreciava o fato de ela partilhar comigo as suas histórias. Na verdade, somos voluntárias de um programa de recuperação", relata Joyce. Ambas receberam sessões de treinamento na Sociedade Americana do Câncer, e agora visitam pacientes diagnosticadas recentemente. Elas freqüentam um curso uma vez por ano para permanecerem na lista e serem convocadas a fazer visitas.

"Por estarmos em uma cidade pequena", confessa Joyce, "surpreende-nos o número de diagnósticos de câncer de mama. Penso que mais casos estão sendo descobertos graças ao programa de incentivo à mamografia anual que iniciamos. Muitos casos aparecem em nossa região, mas as pessoas têm sobrevivido. Obviamente, isso não é a cura, mas a sobrevivência. Agora, ajudar outras pessoas a passar pelo que passei tem sido o meu ideal. Tenho sido surpreendida por diversas mulheres que enfrentaram o câncer de mama durante anos, e eu não sabia, porque nunca falaram sobre isso. Agora, transmitimos informações e conversamos a respeito com outras mulheres.

"Mais e mais mulheres têm se achegado", conta ela, "e sido profundamente tocadas pelas histórias que ouvem. Aqui, em Berryville, uma doce senhora, de mais ou menos setenta anos, recebeu o diagnóstico de câncer de mama. Sua nora contou-me a história na livraria. Eu logo lhe assegurei que estaria pronta a ajudá-la a passar por isso. Uma vez diagnosticado o câncer de mama, há mais coisas para fazer do que antes. Eu sabia que ela não era o tipo de pessoa para falar de assuntos particulares, mas pude dizer-lhe que me preocupava muito com ambas".

Perguntei a Joyce se ela se sentia como um mapa de estradas, que ajudava as pessoas a atravessar estes tempos difíceis. Mas ela respondeu: "Não. O meu mapa de estradas pode ser encontrado no Salmo 23".

Joyce tem sido muito abençoada percorrendo a estrada da recuperação. Ela nunca esqueceu de onde vem a sua força, e agora é uma bênção para muitas mulheres desta região. Ela pertence à diretoria da filial regional da Fundação do Câncer de Mama Susan G. Komen. É voluntária do programa *Reach to Recovery* (Alcançando a Recuperação) da Sociedade Americana do Câncer, e recebeu o prêmio *Sam Walton Business*, e o prêmio *Community Service*, como uma das dez mulheres mais admiradas em Carroll County, Arkansas, no ano 2000. Também é ativa no programa *Relay for Life* (Corrida pela Vida). E, embora não haja um grupo oficial de apoio ao câncer de mama na cidadezinha de Berryville, pare na livraria *Happenings*, na praça da cidade. Joyce diz que as portas estão sempre abertas.

Se você recebeu o diagnóstico do câncer de mama, investigue todas as opções. Fale com o seu médico, com membros de sua família e com mulheres que já percorreram esta estrada. A Bíblia é um mapa espiritual que pode ajudá-la a caminhar.

Não temos o controle sobre todas as situações que surgem em nossas vidas, mas podemos decidir o que levar delas. Aprenda com a lição, prossiga com a sua vida e deixe sua luz brilhar.

Capítulo Quatro

Deixe sua Luz Brilhar

Assim resplandeça a vossa luz diante dos homens, para que vejam as vossas boas obras e glorifiquem o vosso Pai, que está nos céus.
Mateus 5.16

BETH MASON, PROPRIETÁRIA E FUNDADORA dos seminários motivacionais *Smart Talk*, passa seus dias consultando, treinando clientes, proferindo discursos de motivação, e conduzindo seminários de vendas e oficinas de planejamento de metas. Ela é uma dessas pessoas que não planejam tirar tempo para descansar durante uma guerra.

Sua vida profissional é cheia de viagens, táxis, hotéis e aeroportos, e ela tem falado em auditórios por todo o país, compartilhando os segredos de vendas bem-sucedidas: motivação, perseverança e humor.

Beth, que entrou no mundo imobiliário em 1976, subiu ao topo em três cidades diferentes, recebendo numerosos prêmios por seu trabalho. Ela ganhou o prêmio *Realtor Associate of the Year*, em Fayetteville, na Carolina do Norte, e o prêmio *Sales and Marketing Excellence*, em Little Rock, no Arkansas, e em Washington, D. C. Em 1991, Beth foi a funcionária número um em sua companhia, superando mais de 6.000 corretores, no pior mercado imobiliário que a área de Washington, D.C./Virginia jamais viu. Aquele prêmio trouxe atenção e reconhecimento nacional, e revelou todo o trabalho de Beth. Após receber destaque num programa de áudio sobre o mercado imobiliário, produzido pela *Howard Brinton Star Power Club*,

Colorado, ela logo se tornou uma palestrante popular, e uma treinadora de vendas para importantes empresas e corporações.

As companhias seguem a forma pela qual ela encoraja, motiva e produz resultados para os clientes. A parte miraculosa da história de Beth é aquela que ela não lhe contou... O fato é que enquanto trabalhava no ramo imobiliário, ela foi atacada, violentada e deixada à beira da morte por um homem mais tarde identificado como um assassino em série.

A coragem que teve para expor tudo o que tinha dentro de si merecia uma medalha. Beth sentiu o encorajamento vir da última experiência que enriqueceu-lhe a vida. A sociedade e os amigos reuniram-se de tal forma à sua volta, que ela pôde ver o mundo como um lugar maravilhoso, cheio de pessoas boas, generosas e prontas a nos ajudar.

Surpreendendo a todos, ela voltou ao ramo imobiliário, logo depois de deixar o hospital. Beth contou-me seriamente: "Não tenho controle sobre o que aquele homem fez comigo, mas tenho total controle sobre como isso afetará o resto da minha vida. Eu não deixaria ele roubar um minuto dela".

Além do mais, o que você não pode ver no espírito de Beth é a evidência de que ela recebeu o diagnóstico do câncer de mama. Parece que nada pode permanecer em seu caminho.

Quando falei com Beth, ela estava vestida com roupas de ginástica e estava indo para a academia. Sua aparência era boa e cheia de energia; seus olhos cintilavam. Olhando-a, jamais alguém poderia perceber que passara pelo trauma do câncer de mama.

A vivacidade e a filosofia enérgica do trabalho de Beth também estão presentes em seu ideal de vida: "Deixe sua luz brilhar". Beth contou-me que é mais feliz quando sabe que está deixando sua luz brilhar, agarrando as lições que aprendeu e passando-as aos outros.

Mamografia Anual

Beth não tinha a menor idéia de que a sua própria luz estava a ponto de vacilar. As notícias abaladoras em sua mamografia anual vieram como uma completa surpresa, como acontece a algumas pessoas que estão apenas fazendo um simples *check-up* anual. Como muitas outras mulheres, Beth descobriu estar à beira de uma crise pessoal. Contudo, estava determinada a transformar a adversidade numa luz que brilhasse para os outros, aplicando mais uma vez à sua vida os princípios que expunha em seus seminários.

Aprendi com minhas entrevistadas que as pessoas conduzem as situações de formas diferentes. O comportamento de Beth em relação à doença, por mais que seja comum na jornada de outras mulheres, certamente lhe trouxe a vitória. Beth dividiu comigo suas experiências sobre o diagnóstico e o tratamento, e contou-me o que a trouxera de volta ao topo da montanha, após haver atravessado o vale. Com o brilho do amor de Deus, ela é o verdadeiro retrato da coragem. Beth falou de muitas mulheres que viajaram por esta estrada, onde a curva nem sempre é um pitoresco caminho secundário... Às vezes, é apenas um desvio da estrada, esburacado e enlameado. Embora as estatísticas mostrem como uma doença pode ameaçar a vida, Beth aprendeu que não deve entregar-se ao medo. Usando-se a sabedoria e a fé, o medo pode ser omitido do quadro.

Após ouvir o diagnóstico, Beth imediatamente fez toda a sorte de perguntas, não apenas a seus médicos, mas também, e principalmente, às enfermeiras. "As enfermeiras são muito úteis para responder perguntas sobre o que esperar, o que fazer e o que não fazer. Elas parecem ter mais tempo para escutar as inquietações dos pacientes. Podem oferecer conforto e compartilhar conhecimentos, porque lidam com o câncer de mama praticamente o dia inteiro. Minhas enfermeiras foram inestimáveis."

Quando o seu câncer foi descoberto, Beth fez uma nova mudança. Uma mulher só, sem marido ou filhos, descobre-se dependente da ternura de amigos e familiares. Joyce descreveu-me como eles a cobriram de bondade, do princípio ao fim.

Ela acredita ter feito a coisa certa ao partilhar imediatamente a notícia com familiares e amigos. Com o humor intacto, escreveu: "Fiz minha mamografia anual, e depois votei. Desde então, as coisas não têm sido as mesmas comigo e com nosso país". Ela referia-se à batalha política entre Bush e Gore. "Diferentemente das eleições, meus resultados foram imediatos. De fato, terei passado por todos os tratamentos possíveis e concebíveis, antes que saibamos quem será o novo presidente."

Beth continuou: "A notícia ruim é que eles acharam algo. E a boa notícia é que eles o acharam. Tenho ótimos médicos; eles removeram aquilo na manhã seguinte, e era o que suspeitavam: maligno... porém minúsculo e controlado. Era tão estranho dizer: 'Tenho câncer de mama...' Eu não gostava, e queria falar 'Eu tive, mas eles o tiraram'. No entanto, as coisas não são bem assim. Agora estamos na fase de testes. Preciso fazer outra cirurgia na próxima quarta-feira, e eles retirarão alguns nódulos linfáticos.

"Tudo parece ir bem até agora... e não estou preocupada com a perda de meus seios... eles não eram meus, para começar... e eu descobri que podia ter outros. E ficar sem cabelo durante o inverno não parece tão ruim... poderei usar um ou dois chapéus de pele falsa. Depois de ler todos os livros que comprei, no valor de cento e cinqüenta dólares, e fazer até a terça parte das coisas que eles me mandam fazer, eu estarei mais saudável que nunca. Então... minha nova grande causa, como se eu precisasse de uma, é a mamografia anual!"

Um Fluxo Constante de Amizade

A fidelidade de um amigo é um forte amparo;
quem encontrou um amigo, encontrou um tesouro.
JOSEPH ADDISON

Os cartões, notas, cartas e *e-mails* vieram de amigos de todo o país e de estudantes que assistiam às suas aulas. Uma amiga e ex-aluna enviou-lhe um *e-mail* assim que recebeu a notícia. Ela partilhou sua história com Beth.

Certa manhã, logo após ter feito a quimioterapia, a amiga acordara com uma forte nevasca. As escolas estavam fechadas, as crianças passariam o dia em casa, e ela sentia-se péssima. Na tranqüilidade da manhã, ela achara que um banho a faria sentir-se melhor, e fora para o banheiro. "Fiquei em frente ao espelho e passei os dedos nos cabelos. Minhas mãos ficaram cheias de fios. Chorei. Sabia que isso aconteceria, mas ver a realidade fez-me chorar. Então, liguei para Beth, minha melhor amiga. Eu chorava tanto, que pude controlar-me apenas para dizer: 'Está caindo'.

"Minha vida mudou com as palavras de Beth. Ela não disse: 'Você vai ficar bem de peruca'. Ela não disse: 'Você sabia que iria cair'. Ela não disse: 'Vai crescer de novo'. Ela disse: 'Estarei aí'.

"De alguma forma, eu sabia que se tivesse uma amiga que dirigisse mais de seis quilômetros em uma nevasca às seis e meia da manhã para ficar comigo, apenas porque eu disse que meu cabelo estava caindo, Deus estaria me dando tudo o que eu precisava para enfrentar esta provação... e Ele deu."

Esta história exemplifica o modo como os amigos de Beth reagiram. Eles estiveram lá no início, acompanhando os tratamentos, enviando *e-mails*, notas bem-humoradas de encorajamento e amor, ou indo até lá para ver como ela estava. Era um fluxo constante — não necessariamente um dilúvio — de amigos.

"A maior ajuda que recebi veio através disso", conta Beth. "É muito simples dizer: 'O que eu posso fazer por você hoje?' Isto foi o que os meus amigos e a minha família fizeram por mim. Eu estava bem a maior parte do tempo, mas alguns dias, após a quimioterapia, era muito bom que meu sobrinho viesse e passasse a noite. Então, se eu não me sentisse bem para levantar e levar o cachorro para passear, ele poderia fazê-lo."

Após a última quimioterapia, as energias de Beth estavam totalmente esgotadas. Durante muitos dias, saía da cama para fazer apenas o absolutamente necessário. Em uma dessas ocasiões, caminhou até a cozinha para pegar algo. "Minha cunhada limpara e arrumara tudo. Minha cozinha brilhava como a luz do sol. Foi quando eu soube que ia viver."

Familiares e amigos estiveram ao seu lado, trazendo caçarolas para a cozinha, flores para o quarto, e deixando mensagens de apoio na secretária eletrônica. A ajuda deles foi imensurável. Uma das mensagens que Beth recebeu fez com que se lembrasse de que era insubstituível: "Lamente seu cabelo por algum tempo, se for preciso, e então esqueça-o. Ele tornará a crescer. Você pode alugar uma peruca, por enquanto. Nós é que não podemos alugar outra Beth".

Fé em Deus, amor e apoio de familiares, bons amigos, e a sabedoria de seus médicos e enfermeiras — combinados com uma dose de tempo — levaram Beth a dizer: "Que ano maravilhoso, cheio de coisas boas para agradecer: amigos que se preocupam, dias de inverno com a luz do sol, chuva no verão, meu velho cachorro Bristol — que não parece se importar com o fato de estar ficando cego — e o filhote Callie — que não parece se importar de arranjar encrenca o tempo todo —, e seus beijos com hálito de cachorro, que me despertam todas as manhãs. Minhas irmãs, meus irmãos, suas preciosas esposas, e suas originalidades. Flores de todas as cores. Primavera. O amor de uma forma geral. Sou agradecida pelos amigos que ligam, e por ter amigos para quem ligar. Celulares com taxas baratas, *e-mail*, brincadeiras e coisas que me fazem rir. Sou grata pelo tempo com minha mãe, com a sua manta, contemplando o lago ao romper o dia.

"Também sou agradecida por ter sobrinhas e sobrinhos que me atazanam, pela minha casa em Little Rock, pelas freqüentes milhas aéreas e pelo *coffe-shop* do aeroporto de St. Louis. Sou grata pela habilidade poética de meu namorado, e pelas flores que ele envia. Pela ciência médica e pelos especialistas que são especiais. Amigos trazendo alegria. Um Pai que sempre sabe onde estou. Sou muito grata também por ser abençoada com amigos e amigas; amigos de longa data, amigos novos, amigos de oração, amigos que me encorajam, amigos interessados, bons vizinhos, amigos diferentes, amigos que se diferenciam, e amigos que fazem a diferença. Amigos talentosos, amigos generosos, amigos que compartilham, amigos na Virginia, em Little Rock, amigos de todo o país, e pela vida em geral.

"Agora, esta é a minha nova página. Decidi brincar mais, ter aulas de golfe, comer menos, exercitar-me todos os dias, viver intensamente, limpar meu guarda-roupa, movimentar meu *e-mail* e mantê-lo atualizado. Lerei um livro por semana, conferirei mensalmente meu talão de cheques, assistirei menos à CNN, conquistarei meus minutos livres adicionais no celular, me divertirei mais com meus sobrinhos, cultivarei meu jardim, terei sempre flores frescas em minha escrivaninha, ouvirei meus CDs, de vez em quando ficarei quieta, serei sempre eu mesma, falarei abertamente com Deus, limparei a garagem, viajarei com menos bagagem, usarei minhas jóias, usarei minha melhor porcelana, avaliarei os investimentos com antecedência, e prestarei atenção aos caminhões. (O carro de Beth ficara totalmente destruído quando ela batera em um caminhão.) Serei uma advogada dos *check-ups* anuais. Cantarei bem alto, estarei sempre sorrindo e farei muitas outras coisas alegres.

Limpando o Guarda-roupa

Beth comoveu-me ao falar sobre a limpeza do guarda-roupa. "Isto é algo que geralmente fazemos nas mudanças das estações, ou quando efetuamos uma reforma", observou ela. "Não é algo que eu julgue necessário, mas é maravilhoso quando é feito."

Como Beth, ao limpar meu guarda-roupa, encontro todo tipo de coisas que já não uso há muito tempo. Coisas que ficaram muito pequenas, muito largas, muito curtas ou muito compridas. Encontro objetos que pensava haver perdido, e que podem ser reaproveitados. Sou capaz de jogar fora papéis velhos. Finalmente, em uma limpeza recente, consegui jogar fora uma rosa de um jantar de aniversário e desenhos à giz de cera de meus filhos. Decidi manter esculturas de massinha, cartões antigos do Dia das Mães e a última carta de minha mãe. Senti-me muito bem após terminar esta limpeza. Até o momento, sinto-me bem melhor ao ver o espaço extra no armário.

Há algo simbólico em limpar o guarda-roupa. Abrindo espaço no armário, abrimos espaço para o futuro e percebemos que algumas coisas atravancam a vida — algumas destas coisas, às quais nos agarramos, deveriam ser jogadas fora.

Beth lembra-nos de que às vezes alguns incidentes em nossas vidas impelem-nos a fazer uma limpeza um tanto profunda no guarda-roupa. "O câncer de mama foi uma dessas sacudidas que me ajudaram a limpar meu guarda-roupa. Enxerguei o que realmente era importante para mim, quem realmente era importante, e também percebi quais eram as coisas que eu precisava jogar fora. Como parte de um simples envelhecer e tornar-se mais sábio, há coisas de que não mais necessitamos, e é preciso despertar para limpar a casa. Jogando fora a raiva, a inveja e a amargura, vislumbrei um novo caminho para as coisas que fazem sentido e para aquelas a que preciso agarrar-me."

A desordem em nossos armários pode atravancá-los pouco a pouco, sem que o percebamos, até que algo nos diga que é tempo de olhar para o coração e fazer uma pequena limpeza. Ao fazê-lo, sentimo-nos muito bem.

O que Há de Bom em Ter Câncer?

Beth também falou sobre a experiência de um casal que pensava em adquirir uma loja. "Eles haviam considerado a mudança por algum tempo, mas a compra nunca fora executada. Então, perguntei-lhes o que havia de bom em não adquirir o negócio. Qual lição fora aprendida? Agora, se você perguntar-me o que há de bom em ter câncer, eu poderia dizer-lhe várias coisas."

Tendo câncer de mama, Beth foi levada a fazer mudanças em sua vida profissional. Ela abandonou as estradas, deixou de viajar tanto. "Foi quase uma desculpa para que eu fizesse o que precisava ser feito — para mim mesma."

Embora soubesse que não exercia o controle sobre todas as coisas, ou sobre cada situação que aparecesse, Beth percebeu que poderia decidir o que aprender com cada uma delas. "Tentei descobrir o propósito de cada dia. Tentei encontrar um pouco de alegria."

Beth olhou para os seus dias como se fossem uma jornada, e tentou descobrir uma lição. "Nas aulas de estabelecimento de metas que eu ministrava, falávamos sobre o melhor jeito de prever o futuro: criá-lo. Ainda que projetemos e planejemos nossas metas, ninguém sabe o quanto durará as nossas vidas — mesmo que aparentemente a saúde esteja perfeita. Então, importa que os nossos planos permitam-nos realizar três coisas, e este é o meu desejo para você neste novo milênio.

"Que você atinja todas as metas para o novo milênio:

- aproveitar seus dias
- garantir seu futuro
- criar a herança que você deseja deixar

Minha oração é que seus dias tenham alegria, e dêem um propósito à sua vida."

Beth está de volta à estrada, mais sábia, mais agradecida, e inspirada pelo cuidado verdadeiro de amigos, familiares e relacionamentos pessoais. Ao despedir-se de mim para ir à ginástica, Beth deu-me alguns jacintos d'água, cultivados em seu jardim aquático, e ofereceu-me um grande conselho enquanto partia: cuide-se, porém pense nos outros. Palavras sábias, vindas de uma mulher sábia. Parece-me que a luz de Beth está de volta, brilhando como nunca.

Gestos simples de amizade podem ajudá-lo com um despertar para a vida enquanto você enfrenta o câncer de mama. Ir para uma cozinha limpa, abrir bilhetes carinhosos e bem-humorados, saber que alguém está lá para levar o cachorro para passear — tudo isto pode ser um modo de experimentar o amor de Deus. Aceite estes gestos simples de devoção como presentes, não apenas de amigos e familiares, mas do Todo-Poderoso.

Se me pedissem para dar à humanidade o conselho
que considero mais proveitoso, diria isto: "Pense nos
problemas como uma parte inevitável da vida, e
quando eles vierem, levante a cabeça, encare-os de
frente, e diga: 'Serei maior que você. Você não pode
derrotar-me'".

ANN LANDERS

A vitória e o sucesso de um time dependem do trabalho em equipe. Quando objetivos são estabelecidos, e todos trabalham juntos, grandes competições podem ser vencidas. Quando todos dividem as obrigações, o fardo não é pesado a ninguém. Você não está sozinho em sua luta.

Capítulo Cinco

A Corrida pela Cura

O que temos feito só por nós mesmos morre conosco; o que temos feito pelos outros e pelo mundo permanece, e é imortal.
Albert Pike

VICKEY METRAILER E EU ESTUDAMOS juntas na universidade, e com o tempo tornamo-nos amigas. Nossos filhos foram para a mesma escola de Ensino Médio, então nossos caminhos muitas vezes se cruzam. No ano passado, pude ver Vickey em uma nova atividade — não como mãe, amiga ou esposa, mas como líder comunitária.

Em uma tarde de domingo, folheei o velho livro anual da faculdade, e olhei para o sorriso juvenil de Vickey. Dobrado entre as páginas estava um recorte de jornal sobre o lendário técnico do time de futebol do Alabama, Paul "Bear" Bryant.

O treinador estava sendo entrevistado pela façanha de sempre alcançar recordes no futebol. No artigo, entretanto, em nenhum momento ele creditou a si as vitórias, preferindo enfatizar o time. "Se alguma coisa vai mal", dissera o técnico, "*eu* a fiz. Se alguma coisa vai mais ou menos bem, *nós* a fizemos. Se alguma coisa vai realmente bem, então *vocês* a fizeram". "Bear" Bryant era um grande líder porque enfatizava claramente que a vitória e o sucesso de um time dependem do trabalho em equipe. Quando objetivos são alcançados, e todos trabalham juntos, grandes competições podem ser vencidas.

Vickey Metrailer é um testemunho vivo deste ideal. Ela pode nunca ter aparecido em fotos no jornal, cercada por um time de futebol, mas teve a sua foto na primeira página do jornal do Estado, com um time de corredoras motivadas a competir na "Corrida Anual pela Cura do Câncer de Mama".

Segurando aquele velho artigo e olhando para a foto de Vickey no livro anual, percebi que havia um elo entre eles. As palavras vitoriosas de um campeão não pertenciam apenas ao gigante treinador de futebol, mas também a uma pequena esposa, mãe e amiga.

Uma Corrida que não Podemos Vencer rapidamente

Na época de nossa entrevista, Vickey Hum Metrailer era a presidente da corrida anual para a conscientização do câncer de mama em Little Rock, a Corrida pela Cura Susan G. Komen, uma corrida (ou caminhada) de 5 quilômetros. Em 1980, Susan Goodman Komen foi vítima do câncer de mama aos 33 anos, morrendo três anos depois. Além do marido e de dois filhos pequenos, Susan deixou também sua irmã Nancy Goodman Brinker, que lhe prometeu dedicar o resto de sua vida à pesquisa, à educação e ao tratamento do câncer de mama. Nancy manteve sua promessa, abrindo a Fundação do Câncer de Mama Susan G. Komen, em 1982. Nossa comunidade, como muitas outras ao redor do país, abraçou a fundação e tudo o que ela defendia.

Com a liderança dedicada de Vickey, a corrida de Little Rock atraiu a atenção nacional em 2001, graças ao número de participantes registrados. O custo de um ano de planejamento mostrou o seu resultado numa manhã de sábado de setembro, quando 33.500 mulheres inscritas (além de muitas outras) alinharam-se na rua principal para começar a corrida. Em sua calma liderança, Vickey inspirou e motivou cada uma daquelas pessoas, espalhando a convicção de que esta é uma corrida que não podemos vencer rapidamente.

Vickey estava contente com o número de mulheres inscritas, mas principalmente por saber de onde elas tinham vindo. "Tivemos estreantes de 300 cidadezinhas e comunidades. As mulheres do interior de nosso Estado compareceram, bem como um grande número de mulheres afro-americanas. Alcançamos as pequenas cidades, e precisamos envolvê-las com o apoio de nossa comunidade."

O cargo de presidente consumiu o tempo, o talento e a força de Vickey a cada dia, durante um ano. Em anos passados ela ocupara outras posições na equipe, encaminhando-se à posição atual: "treinadora-chefe". Antes ela já fora convidada a ser a organizadora da corrida, mas recusou, dizendo que não poderia fazê-lo até que seus filhos estivessem na escola. Quando isto aconteceu, Vickey assumiu a tarefa. Seu trabalho neste projeto era enorme, mas como o grande treinador do time de futebol do Alabama, Vickey nunca enfatizou sua contribuição pessoal. Em vez da palavra "eu", usava "nós".

"O capital que levantamos com as inscrições foi destinado a projetos e programas", explicou-me. "Estes programas vão além da comunidade, e incentivam os exames e a detecção prematura do câncer. Nossas doações ajudam a sustentar pesquisas do câncer de mama, orientam e apóiam serviços, e, o mais importante, ajudam a fundar programas educacionais em prol da detecção precoce."

Muitas Maneiras de Ajudar

Embora Vickey não tivesse recebido o diagnóstico de câncer de mama, muitas pessoas próximas a ela o receberam. Vickey contou que o trabalho em equipe envolveu e apoiou uma amiga que tinha quatro filhas. "Juntei-me a outras amigas e colocamos um plano em ação: cuidamos para que a roupa de sua família fosse lavada. Você pode imaginar a quantidade de roupa suja que quatro crianças podem acumular. Este foi um pequeno gesto de nossa parte. Quando todas batalhamos, não fica difícil para ninguém. Contudo, faz uma enorme diferença para uma mãe de quatro meninas."

"Há muitos modos de ajudar", declarou Vickey. "Não importa quais talentos suas amigas tenham, todas podem colaborar. Seja provendo alimentos, lavando roupa, escrevendo cartões ou dirigindo até o local de tratamento, todas temos alguma habilidade. Quando todas levam o fardo, o peso deixa de ser insuportável."

Pedi que Vickey descrevesse o dia da corrida. Ela contou-me como estivera no ponto de partida, assistindo à massa de pessoas enfileiradas passando por ela durante 20 minutos, até que todos os participantes iniciassem a corrida. Esta foi a experiência mais emocionante que ela tivera. Na multidão de rostos, ela viu uma sobrevivente do câncer de mama conduzindo outra sobrevivente em uma cadeira de rodas. As sobreviventes eram identificadas com facilidade por uma camiseta cor-de-rosa.

"Algumas mulheres que não tinham cabelo foram assim mesmo, usando apenas um boné", recorda-se Vickey. "Todas as outras participantes usavam camisetas com o logotipo da corrida, ou com o de suas equipes; outras seguravam faixas *Em honra* ou *Em memória* de alguém. Vi sobreviventes de mãos dadas com seus familiares. Via rostos conhecidos e, às vezes, surpreendia-me ao ver que haviam se inscrito na corrida. Pude ver uma menina pequena e sua mãe caminhando juntas, o que foi para mim um símbolo do futuro. Fiquei muito entusiasmada. Isto me afetou de tal forma que inundou meu coração com esperança e paz. Parada lá, assistindo, lágrimas brotaram, e emoções vieram à tona. Para mim, aquela foi uma experiência de vida única que jamais se repetirá."

Um desfile de sobreviventes aconteceu logo após a corrida. A banda da marinha tocou, e o coral da universidade cantou, enquanto uma sobrevivente tornava-se duas, e duas tornavam-se quatro, e assim começou a marcha das sobreviventes vestidas de camiseta rosa. A multidão movia-se em ondas nas laterais, aplaudindo as sobreviventes que marchavam na pista.

"Tudo o que aconteceu continuará florescendo", afirma Vickey. "O dinheiro da corrida ajudará a muitas mulheres, financiando pesquisas e ajudando programas. Poderíamos gastar cada centavo ganho com uma única pessoa, se financiássemos o seu tratamento", explica. "Com nossos programas, ajudamos muitas mais. É como o velho ditado: 'Se você dá um peixe a um homem, você o alimenta por um dia. Se você o ensina a pescar, alimenta-o para sempre'. O que queremos é uma vida inteira de conscientização, educação e prevenção, além de, é claro, encontrar a cura para o câncer de mama."

Nos Bastidores

No próximo ano, haverá uma nova corrida sob outra administração. Quando perguntei a Vickey se ela correria, ela respondeu-me com entusiasmo: "Estarei envolvida na formação de um comitê de patrocinadores".

Sua verdadeira paixão é trabalhar nos bastidores da organização da corrida, fazendo com que tudo seja perfeito. Ela citou duas mulheres, Wendy Saer e Pat McClelland, que são grandes exemplos. Seguindo seus passos, ela deseja levantar fundos para a corrida através da associação de doadores.

Mulheres como Vickey, Pat e Wendy, tendo câncer de mama ou não, são constantes em sua convicção. Vickey exercita a sua fé, diariamente, caminhando com Deus. Seu relacionamento com Ele é uma parte de tudo o que faz, desde criar os filhos a plantar sementes através dos feitos que produzirão frutos para as gerações vindouras.

Seja constante em sua caminhada de fé. Corra a corrida para vencer, não apenas por você, mas para a glória de Deus. Ajudando e aceitando a ajuda de outros, você pode fazer parte de um time vencedor. O bom trabalho em equipe requer que todos carreguem o fardo. Coloque Deus como o líder de seu time.

Plantando uma Figueira

Uma rainha, cavalgando pela estrada, viu uma velha cavando em seu jardim. Ao lado daquela senhora havia uma muda pronta para ser plantada. Após ordenar ao cavaleiro que parasse, a rainha perguntou à mulher:

— Que tipo de árvore você está plantando?

— Uma figueira — respondeu ela.

— Uma figueira! Quantos anos você tem? — indagou a rainha.

— Noventa.

— Você tem noventa anos e está plantando uma árvore que levará anos e anos para dar frutos?

— Diga-me — replicou a velha —, você comia figos quando era mais jovem?

— Sim, é claro — respondeu a rainha. — Por quê?

— Quem você acha que plantou a árvore de onde os frutos eram tirados? — indagou a senhora.

A rainha pensou na pergunta por um momento, e respondeu:

— Não faço idéia.

Então, a velha explicou:

— Veja, árvores foram plantadas por nossos antepassados para que nós desfrutemos. Estou fazendo o mesmo para aqueles que virão após mim. De que outra forma posso retribuir o gesto dos que viveram antes de mim?

AUTOR DESCONHECIDO

Outrora as pessoas se calavam sobre o câncer de mama, e as mulheres que o tiveram pareciam membros de um clube secreto. Embora as coisas tenham mudado, ainda há muito espaço para mudanças, porque os ventos da mudança são os ventos da esperança.

Capítulo Seis

A Longa Sobrevivência

E sabemos que todas as coisas contribuem juntamente para o bem daqueles que amam a Deus, daqueles que são chamados por seu decreto.
Romanos 8.28

EU VINHA ANSIANDO POR REATAR minha amizade com Márcia Williams. Embora tivéssemos sido amigas por muitos anos, Márcia se mudara e eu não pudera vê-la por um longo tempo. Tínhamos em comum o fato de ela também ser casada e mãe de dois filhos. Quando nos encontramos recentemente, na cidade de Little Rock, estávamos em meio a 30.000 mulheres que participariam da Corrida Anual pela Cura. Decidimos nos inteirar sobre a vida uma da outra. Ela tirou um tempo no trabalho para visitar-me em meu escritório, e tomamos grandes copos de chá gelado enquanto conversávamos.

Márcia é uma sobrevivente do câncer de mama há um longo tempo. De fato, ela é a primeira pessoa que conheço, atualmente, que teve câncer de mama e nunca discutiu sobre isso. Ela contou-me que quando descobriu ter câncer, há 35 anos, ninguém falava sobre esse assunto. Finalmente, Márcia contou-me a história de seus últimos anos, porque lhe pedi.

A História de Márcia

Márcia tinha apenas 21 anos quando descobriu haver um nódulo em sua mama, ao fazer um *check-up*. Naquela época, mamografias não eram usadas com freqüência. "Provavelmente eu fiz uma das primeiras mamografias do Arkansas", conta Márcia. "Lembro-me do médico falando sobre um novo tipo de raio X que ele queria que eu fizesse. Sentei-me numa cadeira com rodinhas e inclinei-me sobre uma mesa gelada. Durante todo o tempo, temi que a cadeira rolasse, por causa da posição em que me encontrava. Estava como um gato em teto de zinco quente, agarrando-me à mesa.

"Após tirarem o raio X, o médico aproximou-se e disse: 'Você tem um grande...', sorriu pausadamente antes de concluir, 'um grande polegar'. Eu estivera tão agarrada, tentando manter-me naquela cadeira giratória, que meu polegar aparecera na radiografia. Creio que aquela tenha sido a mais primitiva mamografia."

Com mais investigações, o nódulo revelou-se canceroso. Quando o médico de Márcia comunicou-lhe que ocorrera uma metástase, ela perguntou-lhe o que aquilo significava.

"Propagação, Márcia", explicou gentilmente o médico. "Significa que ele espalhou-se pelos tecidos adjacentes, e não está contido apenas no nódulo."

Embora a terrível notícia a tivesse atordoado, Márcia não encontrara ninguém em sua região que tivesse passado pela experiência de ter câncer de mama para conversar. Ninguém falava sobre isto. "Estas coisas eram mantidas em segredo", recorda Márcia, "e em minha família não era diferente. Lembro-me da primeira manhã após a cirurgia. Acordei às cinco horas, sentindo-me tonta com a anestesia. Abri os olhos e vi meus dois tios à beira de minha cama. Estes fazendeiros pecuaristas nunca compraram flores para suas esposas, mas lá estavam eles com um vaso cheio de flores azuis de plástico. De qualquer modo, isso foi muito engraçado para mim... Você precisava ter conhecido o tio Joe e o tio Tom... E lá estavam eles, junto à minha cama. Pude sentir todas as bandagens em minha pele enxertada. Então, soube que as novidades não eram boas. Pela expressão em seus olhos, e pelas flores de plástico, percebi que estavam aflitos. Não era um arranjo bonito, mas mantive as flores de plástico por anos, até que finalmente ficassem muito velhas e quebradiças".

Márcia passou por uma mastectomia total — a remoção do câncer, dos nódulos inflamados, dos músculos sob a mama e de alguns tecidos adiposos adjacentes. Esta é a cirurgia mais abrangente possível, e não havia tratamento posterior com quimioterapia ou radiação. Seu médico dera-lhe um folheto que ensinava a ajustar as roupas após a mastectomia. Esta foi a única informação que ela teve. Não havia grupos de apoio e nenhum outro tipo de ajuda.

As pessoas à sua volta não apenas evitavam tocar no assunto, como tinham um certo temor, conforme Márcia percebeu, de que ela tivesse algo contagioso. "Poderia haver um 'germe de câncer'. Se fôssemos convidados para uma festinha, diziam-me que eu poderia levar pratos de papel."

No começo eu não entendi a que Márcia estava se referindo, mas ela explicou-me que as pessoas tomavam o cuidado de não comer qualquer comida preparada por ela, a fim de não contraírem sua doença. Se ela quisesse cooperar com alguma coisa, poderia levar os pratos descartáveis, mas não comida.

"Observei que alguns parentes e amigos não queriam nem mesmo me abraçar", disse ela. "Penso que sentiam medo de contrair o que eu tivera. Não me sentia muito ofendida, por entender que era apenas o jeito deles e que não sabiam de nada mais. Minha avó fizera uma cirurgia diferente de câncer, e minha tia, durante muito tempo, não pôde abraçá-la. Então isto realmente não me surpreendeu."

Alcançando a Recuperação

Márcia demorou a encontrar alguém que houvesse enfrentado o câncer de mama. Certa manhã, ao passar para apanhar uma amiga, ela viu num jornal um pequeno anúncio sobre um curso de treinamento para pacientes que fizeram mastectomia. Foi a resposta às suas orações.

Após corresponder-se com o curso, Márcia recebeu uma carta de uma enfermeira que tivera câncer e fizera a cirurgia com apenas vinte e dois anos. "Tínhamos muito em comum. A enfermeira era recém-casada como eu, e não sabia como enfrentar a mastectomia. Mas ela envolvera-se com a Sociedade [Americana] do Câncer."

Márcia e a enfermeira reservaram dois dias para fazerem juntas o curso de treinamento. Lá elas encontraram outras sobreviventes do câncer. A mulher que escreveu o folheto que Márcia recebera de seu médico era a mesma que ministrava o curso, e era a responsável pelo grupo "Alcançando a Recuperação".

Márcia descreveu as sessões de treinamento como sendo secas e restritas. Era como alistar-se no exército. Mas o que ela aprendeu naqueles dois dias marcou o começo de uma longa vida voltada a projetos voluntários.

Márcia usou sua coragem recém-descoberta e visitou, em hospitais, outras pacientes da mastectomia após a cirurgia. A enfermeira, de quem ficara amiga, também se tornou uma voluntária, e as duas partilhavam suas histórias com incontáveis pacientes. Márcia e a enfermeira traziam bolas para que as pacientes apertassem, mostrando-lhes como exercitar-se, e o mais importante de tudo: proporcionavam-lhes a oportunidade de visitar alguém que havia trilhado o mesmo caminho. Segundo Márcia, as pacientes sentiam-se mais confortáveis em fazer perguntas a elas que aos seus médicos.

Vida em Família

Quando recebeu o diagnóstico, Márcia era ainda uma recém-casada — seu casamento tinha apenas três anos. Seu esposo esteve ao seu lado e jamais demonstrou sinais de aborrecimentos com os efeitos da doença. "Durante todo o tempo, ele foi um 'santo'", recorda Márcia.

"Minha cirurgia é da velha escola de cirurgiões. A cicatriz é muito comprida — vai do pescoço à cintura, com uma terrível pele enxertada... Meu marido disse que, ao ver a cicatriz, soube que se ela não estivesse lá, eu não estaria aqui."

O filho de Márcia, Todd, tinha apenas dois anos na época. Por causa da pele enxertada, ela não podia segurá-lo, mas conseguia trocar suas fraldas no chão, e ele subia na cama sozinho.

Preocupada a respeito de poder ou não ter mais filhos, Márcia sempre tocava no assunto nas visitas ao cirurgião, e ele respondia, invariavelmente, a mesma coisa: "Bem, voltaremos a falar sobre isto daqui a cinco anos". Por fim, Márcia e seu esposo decidiram pela adoção legal, e foram aprovados. Então, cinco anos e um mês depois da cirurgia, Márcia descobriu que estava grávida. "Detestei ligar para a agência de adoção para dizer que eu tinha um bebê a caminho, mas isso precisava ser feito. Havíamos sido abençoados com outro menininho."

Quando Clay nasceu, Márcia passou 11 dias no hospital. Posteriormente, seu marido ajudou-a fazendo as compras e realizando outros serviços, pois ela não podia dirigir. Como uma rocha, ele sempre esteve lá. A mãe de Márcia morrera quando ela tinha 19 anos, mas Márcia encontrou ajuda em uma vizinha, bem como em vários amigos chegados, pois não tinha nenhum parente morando perto. Quando ninguém estava disponível para ajudar, ela levava Tood em suas freqüentes visitas ao médico, onde ele poderia sentar-se e ler. As enfermeiras conheciam-no pelo nome e eram realmente amáveis com ele.

Todd não tinha idéia do que sua mãe estava passando, até chegar ao jardim-de-infância, quando então começou, gradativamente, a compreender. Márcia descreve um incidente ocorrido quando ele era pequeno. "Ele entrou no banheiro quando eu estava saindo do banho, olhou para a minha cicatriz e disse: 'O que aconteceu com você?' Contei-lhe que aquilo era o lugar onde eu fora operada. Ele falou: 'Vou pegar um *band-aid* pra você'. Era o que eu fazia por ele quando se machucava, e ele estava indo fazer o mesmo por mim."

Márcia e seu marido tentaram manter tudo normal em sua casa: não se fixaram no fato de ela ter tido câncer. Com o passar dos anos, Todd e Clay cresceram, diferenciando-se em nada das outras crianças. "Em um domingo, passeávamos de carro, e alguém no rádio falava sobre câncer. O locutor referia-se ao fato de que uma entre quatro pessoas teria algum tipo de câncer. Nós quatro estávamos no carro e, quando o locutor terminou de falar, Clay disse bem alto: 'Mamãe, fico feliz porque você teve isto antes por nós'. Respondi: 'Bem, Clay, também estou feliz por isso'."

O Segundo Round

Márcia continuou com as visitas regulares ao médico durante anos, pois ambos continuavam preocupados com uma recaída. Após onze anos, chegaram à conclusão de que uma simples mastectomia na outra mama colocaria um fim ao carrossel de preocupações por ela. O tumor encontrado durante esta cirurgia também era maligno, mas havia uma boa notícia: ele estava contido. "A segunda vez que tive câncer de mama não teve relação alguma com a primeira, e também não foi uma recaída. Era um tipo de câncer totalmente diferente. Meu médico informou-me que este não tinha nenhuma semelhança com o anterior."

Sentada em meu escritório, Márcia partilhou comigo suas impressões sobre como os tempos haviam mudado. "Há trinta e cinco anos, não faziam tratamentos com quimioterapia ou radioterapia... Se o faziam, era muito raro. A quimioterapia, em especial, era pouco utilizada, e se eles a usavam era porque a paciente estava em um estágio terminal da doença. Ela não era usada como um tratamento de prevenção; apenas ajudava a prolongar a vida. Agora, a quimioterapia e a radiação são largamente usadas como medidas preventivas".

Ao retornar da segunda cirurgia, Márcia descobriu que a experiência fora muito mais fácil. "É claro que eu não estava vibrando em ter de passar pela radioterapia e quimioterapia", confessa, "mas meu marido, amigos e minha igreja estavam sempre lá comigo. Hoje posso dizer que a radioterapia e a quimioterapia são experiências realmente boas. Todos aqueles com quem mantive contato foram muito gentis, em especial as enfermeiras da radioterapia".

Márcia percebeu que, após o tratamento, ao vestir-se em uma das saletas, sempre se sentia agitada. As salas não tinham espelhos, e era necessário descer ao saguão para arrumar os cabelos e passar batom. "Comentei com as enfermeiras que pequenos espelhos pendurados nas salinhas seriam muito úteis", relembra. "Quando retornei, dois dias depois, mal pude acreditar no tamanho dos espelhos que foram instalados nas salas. Estávamos todas crescendo, fazendo mudanças, e passando por isto juntas."

Entretanto, como muitas das mulheres que entrevistei, Márcia fora duramente atingida com a perda dos cabelos. "Quando fiz a segunda mastectomia e estava perdendo os cabelos por causa da quimioterapia, senti-me totalmente devastada", conta. "Mesmo sabendo que meu cabelo tornaria a crescer, perturbei-me ao vê-lo ir embora aos punhados. Após penteá-los, precisava usar o aspirador de pó para recolhê-los. Certa noite, perguntei ao meu marido qual era a pior parte daquilo tudo, e ele respondeu: 'A perda de seus cabelos. Isto não me incomoda, mas sei que é muito duro para você'."

Mesmo sendo voluntária há anos, Márcia descobriu ser muito embaraçoso falar sobre a perda dos cabelos com um novo paciente. "Você não pode dizer-lhe que seu cabelo tornará a crescer e tudo ficará bem", aconselha ela. Contudo, havendo perdido o cabelo em igual situação, ela pode oferecer conforto quando necessário.

Fatores de Risco

O humor ajudou Márcia a manter as coisas em ordem. Ela recorda-se de uma paciente a quem falava sobre o próprio câncer. Ela dizia-lhe que o câncer fora causado por óleo de fígado de bacalhau. "Não, estou apenas brincando", sorriu Márcia, explicando que quando era garotinha, davam-lhe colheradas de óleo de fígado de bacalhau todas as vezes que ficava doente. Márcia disse à paciente: "Cheguei à conclusão de que uma coisa com um gosto tão ruim não poderia me fazer bem. Oh, aquilo era horrível!"

A causa do câncer de mama é algo que tem deixado Márcia e eu perplexas, e, às vezes, conhecer os fatores de risco faz com que esta doença se pareça mais com um mistério. De acordo com o Centro Memorial do Câncer Sloan-Kettering, em Nova York, 70% das mulheres que o desenvolvem desconhecem os fatores de risco, como ingerir álcool, fumar, não praticar exercícios, ou ter um histórico familiar de doenças.

Perguntei a Márcia se ela tinha noção de quais seriam as causas do seu câncer de mama em idade tão prematura. Ela respondeu que tem procurado respostas, e chegou à conclusão de que vir de uma pequena cidade rural do Sul provavelmente contribuiu. As adjacências rurais — com seus poços e reservatórios de água para a colheita — são um excelente criadouro de mosquitos. Para controlá-los, a cidade era pulverizada. Caminhões subiam e desciam as ruas, cobrindo a cidade com um grande nevoeiro de DDT, um pesticida já banido neste país.

"Eles pulverizavam todas as ruas com aquele material", recorda-se Márcia. "Usavam-no até mesmo nas casas. Minha tia possuía um pequeno tapete oriental de lã, onde me sentava para brincar de boneca. O tapete era pulverizado com DDT para evitar traças. Lembro-me que tinha ânsias de vômito e erupções na pele."

Educando os Outros

Márcia contou-me como fora difícil falar de seu câncer de mama a outras pessoas. Elas não sabiam o que dizer, e logo colocavam a mão na boca. "Eu estava no *State Fair* e encontrei uma amiga que não via há muito tempo. A senhora ficou surpresa ao ver-me, e prosseguiu cumprimentando-me: 'Márcia, ouvi dizer que você está muito mal'". Márcia disse-lhe que estava tudo bem. A amiga modificou o discurso e disse que ela não aparentava estar tão mal. Aquilo realmente aborreceu Márcia, porque a fez sentir-se preocupada. Então ela perguntou ao marido: "Há algo que você não quer me dizer?"

Mesmo com a melhor das intenções, as pessoas ficavam sempre perdidas. "As pessoas não podem simplesmente olhar e dizer que você tem câncer de mama", conclui Márcia. "Esta é uma característica do câncer de mama — a pessoa não aparenta estar mal... Penso que a dádiva do humor deu-me excelentes respostas."

Não obstante, em algumas ocasiões, as pessoas eram simplesmente insensíveis. "De vez em quando", recorda Márcia, "surgia algo que me dava uma bofetada no rosto, como na vez em que precisei de uma roupa de banho. Lembre-se de que foi antes de existirem espaços e lojas especializadas para atender mulheres que fizeram mastectomia. Eu precisava de um traje de banho que cobrisse o tórax e escondesse minha cicatriz. Precisava de um que ficasse no lugar, e não caísse. Eu procurei, procurei, e procurei. Certo dia, fui à mais fina e cara loja de roupas de nossa cidade, pensando que teriam o que eu necessitava. Encontrei a roupa numa prateleira, e uma insistente vendedora, que aparentemente recebia por comissão, perguntou se poderia ajudar-me. Disse-lhe o que estava procurando, e ela mostrou-me trajes de banho abertos, um após o outro. Experimentei vários, e, é claro, nenhum deles servia. Finalmente disse-lhe que tinha uma cicatriz que subia pela minha clavícula, e estava tentando escondê-la. Ela disse que a única coisa que eu poderia fazer era vestir uma camiseta sobre o traje. Eu não chorei, mas é certo que o quis fazer".

Márcia deixou aquela loja e dirigiu-se a outra na mesma rua. Na primeira prateleira com trajes de banho, junto à porta, ela encontrou um que servia perfeitamente. "Senti-me tentada a voltar, e mostrar à vendedora que eu encontrara o que procurava. Pensando bem, eu sabia que ela provavelmente não tinha noção do que me dissera. Ela fora insensível com a minha situação, mas não suspeitava que havia me ofendido."

Para os que Amam a Deus

Uma das coisas mais bonitas que alguém fez por Márcia foi quando a esposa de seu chefe escreveu-lhe uma carta de quatro páginas. Provavelmente de idade avançada, a mulher estava incapacitada de fazer-lhe uma visita. "Através da caligrafia trêmula, percebi que ela queria encorajar-me e dar-me esperança", reflete Márcia. "Na carta, ela deixou-me um versículo — Romanos 8.28: 'E sabemos que todas as coisas contribuem juntamente para o bem daqueles que amam a Deus, daqueles que são chamados por seu decreto'. Esta passagem elevou-me o espírito e alimentou-me a alma. Mantive o versículo na ponta da língua, e no meu coração... Ela sabia que minha mãe não era viva, e eu sentia como se ela fosse uma amiga especial por haver me alimentado com aquela passagem. Tenho guardado a carta como um tesouro, por todos esses anos."

A caminhada de Márcia com Deus trouxe-lhe paz e perspectiva para a batalha contra o câncer de mama. Ela contou-me que, com a doença, atravessou diferentes estágios mentais: "Raiva, rejeição, depressão... e eu não me lembro do resto. A coisa mais importante é que não me recordo de sentir ódio. Olho para trás e pergunto-me se omiti uma fase ou algum fato, mas não me lembro de haver sentido ódio. Por uma razão: Com quem eu ficaria brava?

Não estava furiosa com Deus, pois sabia que Ele não era o causador disso. Lembro-me de ter ficado zangada com alguém por me haver dito algo, assim como a senhora que tentou vender-me o biquíni. Algumas vezes fico triste por haver perdido minha mãe aos 19 anos, e desejo que ela esteja aqui comigo. Então penso: *Bem, talvez fosse bom minha mãe não estar envolvida nisso. Talvez fosse melhor que ela não soubesse*".

Márcia também não se recorda de sentir-se deprimida. Tampouco se zanga com a tia que não a abraçou mais. "Entendo o seu jeito mal-educado", diz ela. "Conforme os anos se passam, recordo-me do dia em que soube que tudo estaria bem. Foi o dia em que minha tia abraçou-me. Lembro-me de haver pensado: *Ela deve achar que eu estou bem.*"

Márcia chorou com a perda de seus cabelos, mas, quando olha para trás, diz que não acreditava ter muitos motivos para chorar. "Afinal de contas, qual era a probabilidade de eu ter câncer de mama aos vinte e um anos?"

Quando reflete sobre a sua experiência, ela vê "quanto bem resultou de tudo aquilo, e que de outra forma não teria acontecido".

Em seu trabalho voluntário, Márcia freqüentemente tem a oportunidade de encorajar outros pacientes de câncer. "Parece estranho dizer para um novo paciente que ele terá as melhores experiências de sua vida. Mas o faço. Digo-lhes que, embora não entendam que coisas boas possam vir de tudo isso, tornar-se-ão pessoas melhores. Alguns pacientes que visito há anos entendem isto. Outros não podem sequer imaginá-lo. Sempre faço com que conheçam a minha experiência e a de outros que passaram pela mesma situação, e que saibam que cada novo dia será melhor que o anterior."

Mantendo uma Boa Perspectiva

Márcia às vezes surpreende-se por haver tido um segundo câncer sem relação com o primeiro. Mas com este também vieram coisas boas, e ela acredita ter a resposta do porquê.

"No programa 'Alcançando a Recuperação', em que eu colaborava, precisávamos de um voluntário que tivesse passado pela radioterapia e pela quimioterapia... Nosso grupo tentava igualar os pacientes a voluntários que tivessem o máximo de coisas em comum, até mesmo a idade, ocupação ou tratamento. Já que eu era a única que passara pelos dois tratamentos, eu era a voluntária de que precisávamos. Estava pronta a compartilhar minha experiência bem-sucedida com a quimioterapia e com a radioterapia, mesmo tendo dois filhos pequenos e um marido que trabalhava todos os dias."

Hoje, Márcia assegura aos pacientes de câncer que isto não é uma sentença de morte. Ela chama a si mesma de "prova de vida". E no começo, quando ter câncer de mama é difícil de entender, Márcia diz: "De algum modo estranho, isto pode ser um presente". E tem sido isto em sua vida. Ela acredita que "mesmo nos piores casos, em estágios terminais, o presente é o tempo — tempo para dizer tudo o que você precisa aos familiares e companheiros. Não é como um trágico acidente de carro, onde a morte é imediata e não há tempo para dizer a ninguém que você o ama".

Márcia aprecia ter recebido uma chamada. "Nem todos têm a chance de fazer o que é de fato importante", diz ela. "O importante para mim é simplesmente ver os meus filhos crescerem. Ganhei uma nova perspectiva a respeito do que é trivial e do que realmente importa."

Uma Nova Luz de Apreciação

Márcia deixa certas pessoas em sua vida saberem que o que fizeram por ela tem sido uma bênção para eles também — a bênção de terem a oportunidade de demonstrar apreciação. De igual modo, ela também recebeu a bênção de ser apreciada.

Sua igreja ofereceu sugestões para um programa de envio de cartas, encorajando as pessoas a escrever a alguém que as impressionaram de alguma forma, para que disso tomassem conhecimento. Márcia recorda: "Minha amiga Charlene escreveu-me contando o quanto se admirava de tudo o que eu passara e da coragem com que eu contornara a situação. Eu estava apenas recebendo a ajuda e a graça de Deus, pois sabia que estava em suas mãos e que Ele era a minha força. Não me via como uma corajosa, mas ela me via assim.

E a sua carta escrita à mão significou muito para mim. Sem a minha igreja, minha família e amigos, eu não seria a mesma. Por tudo isto, sou uma pessoa melhor".

Márcia diz que não é a única a fazer tal declaração. Através de anos de trabalho voluntário e de conversas com outros pacientes de câncer, ela diz que eles também afirmam ser pessoas melhores por terem câncer... mais sábias, mais fortes, mais compreensivas e com uma fé mais profunda. "Mesmo depois de todos esses anos, o nascer do sol é mais glorioso, o pôr-do-sol é mais colorido, o cair das folhas é mais intenso, e eu apenas agradeço a Deus pela dádiva de mais um dia. Recordo-me de um amigo que me disse: 'O hoje é o nosso presente de Deus. Esta é a razão pela qual o chamamos *presente*'."

Compartilhando suas experiências, Márcia sempre diz a novos pacientes que eles observarão e apreciarão as coisas como jamais o fizeram. "Não parecemos tomar as coisas como certas", reflete. "Lembro-me do caminho de casa para o hospital. Era setembro, e eu pensava que a grama estava toda verdinha. Bom, depois de todos esses anos, olhando para trás, a grama não poderia estar muito verde. Setembro é um dos meses mais secos e quentes aqui no Sul. Era a época do ano em que a grama começava a ficar marrom, mas eu achava que estava bastante verde. As pequenas coisas simplesmente são vistas sob uma nova luz de apreciação".

Abertamente

Agora, há muito mais informações ao alcance dos novos pacientes de câncer, que podem, a qualquer hora, comprar numa loja um livro sobre o assunto. Márcia também fez isto. As coisas chegaram a tal ponto que, sempre que há em casa uma nova revista, seu marido pergunta: "O que há nela sobre câncer de mama?" Nas filas do supermercado, os destaques das revistas sobre câncer de mama parecem pular das capas.

"Através dos anos", comenta Márcia, "tenho notado que até mesmo os tópicos das revistas mudaram. Graças a Deus pelas pessoas famosas que partilharam suas histórias; pessoas como Betty Ford, Nancy Reagan, Happy Rockefeller e Sandra Day O'Connor. Antes do depoimento pioneiro da senhora Betty Ford sobre o seu câncer de mama, nenhuma revista jamais publicara artigos ou informações sobre isto, e muito menos diagramas educativos sobre como fazer o auto-exame".

Tudo o que Márcia disse é verdade. Minhas pesquisas mostram que outras incontáveis celebridades femininas encararam esta doença, mas aparentemente decidiram não falar sobre ela. Uma nota mais triste, ninguém está pronto a escutar. Li que o câncer de mama fora descoberto há muito tempo, em 1523, na Itália. Alguns historiadores e médicos acreditam que a escultura *Noite*, de Michelangelo, uma mulher reclinada, perfeitamente reproduzida em pedra, revela a possibilidade de ela ter um câncer de mama num estágio avançado. Apesar de ninguém atualmente poder provar que a escultura de Michelangelo representa o sofrimento do câncer de mama, ela é muito sugestiva.

Trinta e cinco anos depois, Márcia surpreende-se quando pessoas próximas tomam coragem e confessam que também passaram pela cirurgia da mama. É quase como um clube secreto. Ela recebe cartas de senhoras que passaram pela cirurgia há anos, e nunca contaram a ninguém, como se estivessem embaraçadas e tivessem algo a esconder. Hoje as mulheres estão falando abertamente, em parte graças a mulheres corajosas que tiveram voz e uma audiência de repórteres. E em parte, graças a extraordinárias donas de casa, como Márcia, que têm a voz e decidem falar não apenas de suas experiências com o câncer de mama, mas de outras mulheres que o encararam com a mesma coragem.

Não obstante, levou muitos anos para que as pessoas prestassem atenção ao que está acontecendo às mulheres. O câncer de mama ataca em todos os países, entre todas as nacionalidades, entre mulheres de todas as idades e raças, explica Márcia. Enquanto o mundo apenas recentemente trouxe isto à tona, o câncer de mama tem sido uma realidade na vida dos familiares de Márcia há trinta e cinco anos, e é algo sobre o qual eles aprenderam a discutir abertamente e com o qual aprenderam a conviver.

"Agora, meu filho tem trinta e sete anos, e não conhece sua mãe de outra forma", diz Márcia. "Não falamos sobre isto agora, a menos que o assunto surja naturalmente. Ele tem um serviço de informação que atende esposas, irmãs ou mães com o diagnóstico do câncer de mama, e lhes diz que todos passamos por isto. Ele oferece seu número de telefone, caso precisem, e incentiva: 'Me liguem'".

"Com o passar do tempo, penso que os meninos perceberam o quão afortunados são por terem a mãe que têm, apesar de tudo o que enfrentamos. Mas isto me desperta para a importância de uma detecção precoce, especialmente através da mamografia anual. Às vezes, em meus discursos, advirto as jovens senhoras a não deixarem que seus médicos adiem a remoção de algum caroço encontrado, só pelo fato de elas serem jovens. As coisas teriam saído totalmente diferentes se eu tivesse adiado minha ida ao médico, ou se ele houvesse protelado o assunto.

Ventos de Esperança

Os tempos mudaram. As pessoas estão mais atentas e informadas sobre o câncer de mama. No entanto, ainda há muito espaço para mais mudanças, e os ventos de mudança são ventos de esperança. Ninguém deixa uma mulher com câncer de mama sem folhetos educacionais. Mas além disso as equipes de apoio devem envolver esposas, irmãs, mães e filhas, que também precisam de educação. Fornecer informações claras aos pacientes e ao seu círculo de amigos e familiares é o mais importante. Do mesmo modo, mais mulheres precisam descobrir a prevenção e a detecção precoce. Todos estamos aprendendo sobre a doença e, de igual modo, aprendendo a expor abertamente nossos pensamentos e corações. Para Márcia, que tem visto tanta mudança no estudo e no tratamento do câncer, a quantidade de mudanças é "quase irreal". A primeira corrida pela cura fora a apenas dois dias de seu aniversário. Todos os seus amigos estavam ocupados, ou não se interessaram. Ela não se intimidou, e foi sozinha para a corrida. "Estava tão maravilhada por ver milhares de participantes na corrida pela cura, que pensei comigo mesma: *Que aniversário maravilhoso*. Sentia-me muito animada com o início da corrida, pois via que não estava sozinha. Todas aquelas pessoas estavam tentando fazer algo a respeito do câncer de mama, e não queriam privar-se de falar sobre isto".

A primeira corrida foi há muitos anos, e Márcia e eu continuamos surpresas com o crescente número de participantes e colaboradores a cada evento.

Márcia recorda: "O primeiro ano em que participei, corri com uma mulher a quem havia aconselhado no hospital após sua mastectomia. Ela havia sido professora na escola onde meu filho estudara, então combinamos que correríamos os cinco quilômetros juntas. Assim começou uma tradição que mantivemos através dos anos, encontrando-nos no dia da corrida e participando juntas".

Este ano, Márcia participou do almoço anual de sobreviventes que aconteceu logo após a corrida. Ela e sua amiga professora atrasaram-se e demoraram um pouco para se sentar. "Estávamos pedindo a várias mulheres que não conhecíamos para se sentarem a uma mesa da frente", contou-me Márcia. "Tomamos discretamente nossos assentos, pois o orador já havia começado a programação. Vi que a mulher à minha direita deveria estar fazendo quimioterapia, pois usava um boné para esconder a falta de seus cabelos. Eu não podia dizer-lhe nada, pois o orador estava falando. Ele chamava a atenção para o longo período de sobrevivência daquelas mulheres que participavam do almoço do dia da corrida. Sobreviventes há cinco anos puseram-se de pé, sobreviventes há dez anos puseram-se de pé, sobreviventes há vinte anos puseram-se de pé, sobreviventes há trinta anos puseram-se de pé. Mas quando chegou a vez das sobreviventes há trinta e cinco anos, fui a única a ficar em pé. Percebi ter a sobrevivência ao câncer de mama mais longa da corrida.

"Quando tornei a sentar-me, a desconhecida com o boné aproximou-se e abraçou-me. Eu ficara tão aborrecida por haver me atrasado, que não fazia a mínima idéia de onde poderia sentar-me. Aparentemente, Deus sabia o local exato onde eu deveria ficar, pois esta era uma nova paciente do câncer que precisava contemplar as possibilidades. Jamais saberei seu nome, mas jamais me esquecerei dela."

Sei que Márcia não pensa em si mesma como uma fortaleza, mas a senhora sentada ao seu lado, sim. Márcia contou-me: "Ela precisava de um abraço, e Deus colocou-me lá para dar-lhe isto.

Espero ter-lhe transmitido que a minha força vem da minha fé em Deus, da minha família e de meus amigos".

Revesti-vos, pois, como eleitos de Deus, santos e amados, de entranhas de misericórdia, de benignidade, humildade, mansidão, longanimidade, suportando-vos uns aos outros e perdoando-vos uns aos outros, se algum tiver queixa contra outro; assim como Cristo vos perdoou, assim fazei vós também. E, sobre tudo isto, revesti-vos de caridade, que é o vínculo da perfeição.
COLOSSENSES 3.12-14

O meu Cálice Transborda

A prazerosa tarde com Márcia estava chegando ao fim. Ela estava indo encontrar-se com o marido e alguns amigos para um jantar, mas havia mais coisas a serem compartilhadas. A mulher que passara por duas batalhas diferentes contra o câncer de mama, e que tinha a mais longa sobrevivência da corrida, precisava contar-me sobre o seu cálice.

"De algum modo, sempre vejo minha taça totalmente cheia de água", disse-me. "E, quando se encontra cheia demais, é preciso dividi-la. Fui abençoada com um marido maravilhoso e com dois filhos que Deus me deu, e continuo bebendo com um pires, pois meu cálice tem transbordado. Sei, em meu coração, o que me deu graça para transpor isto. Antes não compreendia quão difícil era a jornada. Há trinta e cinco anos, naquele consultório, minha vida mudou para sempre, e para melhor. Com as dádivas divinas da fé, familiares e amigos, minhas mágoas e tristezas foram dissipadas, e a alegria, multiplicada."

Quando fiquei em pé para pegar o copo vazio do chá gelado que Márcia tomara e levá-la à porta, ela abraçou-me. Virando-se para mim, disse: "Engraçado, participei do encontro de vinte e cinco anos de minha turma do segundo grau, e fui eleita "a menos mudada".

O câncer de mama não é uma sentença de morte. Pode ser uma dádiva, um despertamento. Nem todos têm a chance de fazer o que é de fato importante. Ganhei uma nova perspectiva a respeito do que é trivial e do que realmente importa. O câncer fornece-lhe tempo para que você deixe as pessoas saberem o quanto as ama.

Quando o meu tempo chegar,
e eu me vir diante do meu Criador,
gostaria de ser capaz de dizer:
Deus, não me restou nenhum
talento, amor, compaixão, ou energia.
Usei cada dádiva que o Senhor me deu.

Hoje não é ontem — nós mudamos.
Como podem, então, as nossas obras e pensamentos
continuarem sempre os mesmos,
se eles devem sempre ser os mais justos?
Mudanças verdadeiras são dolorosas, ainda que
necessárias;
e se a memória possui a sua força e o seu valor,
a esperança também os tem.

THOMAS CARLYLE

Mesmo estando em uma posição inferior, não assuma uma postura de derrota. Concentre-se no que está à sua frente, nunca olhe para trás, e lembre-se: Isto também passará.

Capítulo Sete

Isto também Passará

Conta-se que, certa vez, um monarca oriental ordenou a um de seus sábios inventar uma frase que fosse sempre observada, verdadeira, e apropriada em todos os tempos e situações. O sábio apresentou-lhe as palavras: "E isto também passará". Quantas lições esta sentença expressa! Como é disciplinadora na hora da soberba! Como é consoladora nas aflições profundas!

Abraham Lincoln

COM O PASSAR DOS ANOS, tenho sempre desfrutado dos comentários engenhosos da colunista, palestrante e premiada escritora Maryln Schwartz. Residente em Dallas, no Texas, Maryln é provavelmente mais conhecida por seu livro que aparece na lista dos *best-sellers* do *New York Times*: *A Southern Belle Primer* (Cartilha de uma Mulher Sulista). Neste livro, sincero, divertido e fiel ao seu estilo de escrita, Maryln contempla, sem barreiras, as mulheres do Sul, com suas tradições e manias.

Maryln faz-nos rir ao escrever em seus livros e colunas sobre a arte de ser sulista. Seu humor ataca cabelos volumosos, prataria, a Liga Junior, protocolo de casamento, escolhas de irmandade e a arte de escolher um nome apropriado para uma filha.

Maryln é questionada com freqüência: O que é o Sul? Suas respostas graciosas brotam sinuosamente através de uma série de perguntas e comentários mordazes. O Texas também é do sudoeste? A Virgínia também pertence à Costa Leste? Tradicionalmente, o Sul é definido pelos estados que se separaram da União durante a guerra civil — Texas, Arkansas, Louisiana, Tennessee, Mississippi, Alabama, Geórgia, Flórida, Carolina do Sul, Carolina do Norte, a Virgínia — tanto quanto o Kentucky é um Estado de fronteira.

Contudo, Maryln diz que é muito fácil determinar. "Vá a um restaurante de comida caseira quando visitar estas cidades. Se o menu listar macarrão e queijo como vegetal, saberá que está no Sul".

Quando conversei com Maryln, esta "magnólia de aço" falou sobre um assunto da mais séria importância: sua experiência com o câncer de mama. Liguei para ela certa manhã, e ela estava satisfeitíssima por compartilhar sua história. Não me surpreendi com a atitude otimista que ela apresentou quanto a sua experiência, mas maravilhei-me com alguns detalhes.

"Ter câncer de mama não foi a pior coisa que me aconteceu", contou-me Maryln. "Atualmente, coisas boas têm surgido deste fato. Penso até que isto aperfeiçoou meus escritos. Libertou-me. Posso simplesmente me soltar e escrever."

Soltar-se e escrever? Acredito que é isto o que Maryln tem feito. Havendo sempre admirado a sua capacidade de falar livremente, sentei-me para ouvi-la. Mesmo que Maryln não estivesse ainda mais livre para expressar seu modo de ver o mundo, eu sabia que ela não mediria as palavras para falar de seu câncer de mama.

Como Murphy Brown

Agradável, engenhosa, e às vezes ultrajante, Maryln compara-se à personagem de televisão Murphy Brown, cujo primeiro show daquela temporada tinha um cenário familiar às mulheres: o nervosismo da espera pelo resultado de uma mamografia.

Para milhares de mulheres, a cada ano, isto não é apenas TV, enfatiza Maryln. Em particular, este episódio foi sobre as mulheres que trilham este caminho. "Murphy Brown teve câncer de mama, e eu também", observa ela. "Entre lágrimas e sorrisos, assistir ao episódio não só me fortaleceu, mas fez-me rir. Estava atrasada com a mamografia. Murphy também. Ambas assumimos ter uma urgência pela vida. Como algo poderia estar errado conosco? Escrevemos sobre crises. Não nos envolvemos nelas."

Como outras mulheres com quem conversei, Maryln não acreditava que isto poderia acontecer-lhe. Ela era uma pessoa muito ocupada, e não fazia as mamografias na época certa.

"Se alguém imagina o que é sentar-se naquela sala, e esperar pelo resultado... Você pensa: *Talvez eu tenha esta coisa, e talvez eu tenha de removê-la.* Bem, vou dizer-lhe como você se sente. Você se sente uma estúpida, porque quase matou a si mesma. E se isto deixa as pessoas perturbadas, melhor ainda. Câncer de mama é tratável. Eu sempre me perguntava como me sentiria se esperasse tempo demais para descobrir que a mamografia não dera negativo... Bem, eu descobri: Senti-me uma imbecil. Aquilo era tão estúpido, tão desnecessário."

Uma das personagens do seriado *Murphy Brown* disse que não precisava fazer a mamografia porque nunca houvera casos de câncer de mama em sua família. O câncer de mama também não se manifestou na família de Maryln. Ela não protelou as mamografias por anos. Foram apenas meses. Oito meses que quase lhe custaram a vida.

Como era muito ocupada, ao afastar-se um pouco de seu trabalho, ela preferiu fazer outras coisas em vez da mamografia. Maryln sabia que outras mulheres tinham a mesma atitude de fuga. "Um dia eu separo um tempo, e penso em fazer a mamografia. Em vez disso, preferi arrumar meu guarda-roupa. Apenas pensar em fazer a mamografia fez com que eu limpasse meu armário. Eu conhecia o caso de uma mulher que cancelou sua mamografia porque ouviu dizer que as filas para assistir *Evita* estavam pequenas no fim de semana. Ela poderia fazer a mamografia em outra ocasião, mas as entradas para assistir *Evita* eram dificílimas."

Embora use o humor para manter uma atitude confiante, ela não permite que ele diminua sua mensagem. "Se ouvir tudo isso a deixa desconfortável", declara ela, "assim deve ser. Nada pode ser pior que compreender que você reduziu suas vantagens".

Maryln elogia seus médicos por serem sinceros em tudo o que disseram. Um deles advertiu-a: "Nunca olhe para trás". Na situação de Maryln, ele poderia facilmente ter insistido na idéia de que ela deveria ter agido de forma diferente, ou fazer alguma comparação, pois quando seu câncer foi detectado e tratado, encontrava-se em um estágio bastante avançado.

"Estava no terceiro estágio, que é ruim", relatou. "Tinha um tumor imenso. O quarto estágio é o último; contudo, não é uma sentença de morte. Meu médico era flexível, realista e sensível ao que eu sentia. Acatei seus conselhos, e apenas concentrei-me na situação."

Numa conversa séria, o médico disse a Maryln: "Não se pode dizer que nada possa ser feito, e eu não diria que não estou preocupado com você. Apenas quero que você reúna cada gota de força e fé, porque vamos enfrentar isto".

Com medo de perguntar de forma direta quais seriam as conseqüências, Maryln indagou: "Estou reformando minha casa, e colocando um carpete muito caro. Estou gastando muito dinheiro. Há alguma razão para que eu desista do carpete?"

Após uma breve pausa, o médico sorriu e disse: "Maryln, prossiga com as reformas". Em um episódio similar da televisão, Murphy Brown disse para o seu médico: "Se eu comprar bananas verdes, estarei por perto para vê-las amadurecer?"

Você Tem uma Grande Chance

Maryln não começou o tratamento com cirurgia. Ela e seu médico decidiram fazer a quimioterapia antes, esperando que o tumor diminuísse antes da mastectomia.

"Quimioterapia!", exclamou Maryln. "Esta palavra era terrível. Eu ouvira muitas histórias. Acreditava que se sobrevivesse teria uma péssima qualidade de vida. Bom, deixe-me contar-lhe. Passei um tempo agradável com a quimioterapia".

O tratamento deixou-a esgotada, mas Maryln pôde levar para casa todo o seu trabalho, e jamais deixou de escrever suas colunas diárias. "Atualmente, uma das coisas mais legais que surgiram disso tudo é o fato de eu haver decidido trabalhar em casa", contou-me. "Vou para a redação do jornal duas vezes por semana, e faço muito mais coisas quando estou em casa."

Maryln enfrentou as vicissitudes da quimioterapia com o seu humor característico e seu otimismo. "Perdi meu cabelo", diz ela, "mas isto não foi a pior coisa. Não foi tão horrível, pois sabia que aconteceria. Saí e comprei uma peruca. Havia muitas perucas maravilhosas, e para cada dia havia uma boa peruca. Isto foi fabuloso.

Você vai viver, e o seu cabelo voltará a crescer. E daí... ao mesmo tempo você tem algo que deixa o seu visual maravilhoso.

"As pessoas rodeavam-me e olhavam infelizes para mim. Lembro-me de haver pensado: *Elas já estão dividindo as minhas jóias.*"

Uma pessoa perguntou a Maryln, não de modo súbito, como alguém poderia se apresentar para escrever uma coluna para o jornal."O cargo não está disponível", informou-lhe Maryln."Daquele dia em diante, determinei que faria qualquer coisa, e viveria. A quimioterapia tornou-se uma grande surpresa. Estava mentalmente preparada para ter as náuseas, e apenas pensava: *Isto também passará.*"

Maryln fez todas as sessões de quimioterapia, e isso não foi terrível. Ela elogiava as novas tecnologias do mundo da quimioterapia — medicina maravilhosa, que impede a maioria das pessoas de ficar nauseada. Ela não vivenciou náuseas terríveis. Sentiu-se muito, muito cansada, mas nunca precisou interromper nenhuma de suas atividades.

Maryln disse-me que, de fato, desenvolveu uma grande paciência durante essa jornada. "Parece que passei toda a vida achando que o pior ainda estaria por vir", declarou ela. "E então, o pior acontece. E eu descubro que não foi a pior coisa."

Quando Maryln voltou para casa após a primeira quimioterapia, um amigo veio fazer-lhe companhia. Maryln descreve sua reação ao tratamento:"Joguei-me no sofá, e ele trouxe o jantar. Nós esperamos. Jantamos, e eu continuei no sofá. Esperamos. Assistimos às notícias e esperamos. Meu amigo estava indeciso. Finalmente, eu disse: 'Sinto-me bem. Vamos ao cinema'. E aquilo foi um choque. Estava realmente preparada para coisas terríveis.

"Agora, não estou afirmando que aquilo não tenha me deixado esgotada. É claro que fiquei. Apenas não foi horrível. Pude trabalhar em casa, e não parei de escrever minha coluna. Mesmo quando estava 'para baixo', preferia dizer: 'Isto também passará'."

A coluna de Maryln no *Dallas Morning News* geralmente enfocava política, esportes ou qualquer coisa que estivesse acontecendo no mundo. Maryln estava no meio do tratamento quando o jornal pediu-lhe que fosse a Washington escrever sobre a posse presidencial. Após alguns dias em Washington, Maryln enviou um postal ao seu médico: "O frio é dez abaixo de zero. Aqui é muito cheio, e não há espaço para sentar-se. A gente leva uma hora para dar dois passos, e não há o que comer. Não se consegue fazer reservas em restaurantes, e não há táxi disponível. Resumindo, a quimioterapia é mais fácil".

O humor característico de Maryln impulsionou seu ânimo, e ajudou-a a sobreviver. "Não estou tentando acobertar a quimioterapia", disse Maryln. "Quero que aquelas que a estejam atravessando pensem nela como algo positivo. Não quero que todos tenham câncer de mama. Mas se você o tem, não é a história horrível que costumava ser. Se vai ao médico e faz os tratamentos, tem boas chances... mesmo se for como eu, que estava no estágio três. Sei que isto é um procedimento sério, que afeta as pessoas de diferentes modos. Tive sorte. Tolerei extremamente bem. Contudo, até mesmo as pessoas que tiveram problemas com a quimioterapia não contam histórias de terror. Na maior parte das vezes, dizem que se sentiram muito, muito cansadas durante os dias que sucederam ao tratamento. Outros afirmam que é como estar gripado."

Tão resistente quanto Maryln provou ser, os efeitos da quimioterapia realmente apresentaram surpresas difíceis. "A única coisa para a qual não estava preparada, porque ninguém me advertira, foi a perda de meus cílios e sobrancelhas", contou. "Acreditava estar preparada para tudo, e isto era algo tão insignificante... mas rompi em lágrimas. Então compreendi que não era apenas pelos cílios — minhas lágrimas eram por tudo. Chorei por cinco minutos, lavei o rosto, apliquei delineador, e retoquei os poucos fios da sobrancelha com lápis. Ninguém jamais soube disso. Isso foi apenas uma coisinha boba. Acho muito importante a mulher se maquiar, e sentir-se melhor a respeito de si mesma ao olhar-se no espelho. Eu passei a ser mais atenciosa com a minha maquiagem, porque aquilo me fazia bem."

Grata por Ter algo a Fazer

Todos os que atravessam esta jornada precisam de algo que os ajude a superá-la. Sejam amigos, familiares, grupos de apoio, igrejas ou passagens bíblicas, toda mulher que sofre com o câncer de mama necessita de algo além de si mesma para olhar.

Ao perguntar a Maryln como ela se portara, ela respondeu-me que procurou encarar o seu trabalho como uma bênção. "Fui muito afortunada por ser escritora e poder escrever em casa. Mas a razão não é porque eu fosse dedicada; é porque eu era grata por ter algo para fazer. Decidi que era melhor as pessoas dizerem: 'Como ela é corajosa!' em vez de "Ela não faz nada, a não ser se lamentar'."

Maryln é o tipo de mulher que gosta de estar ocupada. Ela gosta de levantar-se para sair, maquiar-se e prestar atenção no visual. Sua atitude para com a peruca não foi "que terrível eu ter de usar uma peruca", e sim "eu tenho o mais glorioso cabelo". Acordar e sair, trabalhar na coluna do jornal, maquiar-se e ir adiante ajudou Maryln a sentir-se bem consigo mesma.

"Sabia dentro de mim que isto estava levantando minha autoestima, mas e daí?", conclui Maryln. "Eu não sabia se isso era coragem, mas precisava cuidar de mim mesma."

A jornada do câncer de mama não é totalmente terrível, enfatiza Maryln. De fato, ela descobriu muitas coisas pelas quais deveria ser grata. "Meus amigos foram tão maravilhosos, e isto foi inacreditável... e dentro de mim coisas maravilhosas ainda iriam acontecer. Descobri que tinha uma força que não conhecia. Aprendi a crer em Deus... aprendi a crer que Ele poderia me ajudar. Você precisa apenas levantar-se e fazer isto. Agora, há dias em que pegaria um bom livro, deitaria na cama, e puxaria as cobertas sobre a cabeça, mas... supere isto! Adiante!"

Sua força vem da fé em Deus, porém Maryln enfatiza que também é preciso manter-se confiante. A fé de Maryln é muito pessoal. "Eu não poderia dizer que apenas colocaria este assunto nas mãos de alguém. Você precisa usar a oração, buscar apoio em seus amigos, e colocar sua fé em Deus. Mas eu sabia que precisaria ser a pessoa a dar este passo. Temos escolhas privilegiadas. Podemos escolher ter uma boa atitude, ou podemos escolher assumir uma postura má. Disse para mim mesma que combateria isto. Decidi ter uma boa atitude."

Maryln também sempre buscava pensar da seguinte forma: "Preciso estar disposta a fazer isto. Minha atitude descontraída é apenas a aceitação das coisas que estão por vir. E quando tudo se tornar tempestuoso, apenas me lembrarei da promessa: *Isto também passará*".

Maryln não se submeteu à mastectomia, até três meses após a descoberta do câncer. "Escondi meu nervosismo em coisas estranhas", contou-me. "Na véspera da cirurgia, um amigo veio com o jantar, e eu estava limpando a casa loucamente!"

Quando seu amigo suplicou para saber o que ela estava fazendo, Maryln respondeu: "Francamente!" Seu amigo lembrou-a: "Você terá uma cirurgia importante pela manhã. Por que está fazendo isto agora?"

Maryln respondeu-lhe: "Bom, as pessoas virão aqui quando eu retornar do hospital. Minha mãe morreria se visse a desordem desse lugar".

Seu amigo disse-lhe: "Maryln, sua mãe já morreu. Pare com isso agora".

Sendo Seletiva com os Médicos

Abençoada com boas amizades, Maryln também fora abençoada com a destreza dos cirurgiões. Após a mastectomia, chegou o dia de tirar as bandagens. Esta é uma ocasião amedrontadora, pois a mulher verá o seu busto pela primeira vez após a retirada da mama. Maryln estava preparada. "Queria apenas viver", disse ela.

Seu médico ajudou-a com a transição, apoiando-a emocional e psicologicamente, e reforçando os lados positivos. Maryln descreveu a cena: "Ele esteve lá, e colocou seus braços em meus ombros enquanto a enfermeira tirava as bandagens. Ele disse: 'Agora, Maryln, quero que você saiba que para mim isto é lindo, porque é tecido saudável'. Lembro-me de haver pensado: 'Que coisa maravilhosa para se dizer!'"

Mulheres com câncer de mama precisam ser seletivas com seus médicos, aconselha Maryln. "Se você está se consultando com um de quem não gosta, que não conversa com você, ou que a deixa desconfortável, mude de médico. Ter um excelente cirurgião da mama e um oncologista maravilhoso foi confortador para mim. Sentia como se eles providenciassem bases sólidas para mim, porque existem momentos assustadores, quando você precisa conversar com alguém em quem acredita."

Lidando com a Coisa do seu Modo

Maryln, que desejava fazer todo o possível para combater o câncer, completou as séries de sessões regulares de quimioterapia, e então submeteu-se às de radioterapia. "Nada disso foi difícil", atesta. "Nada relacionado a isto foi terrível."

Cada mulher encara o tratamento a seu modo e, para muitas, um grupo de apoio traz grandes benefícios. Contudo, Maryln não escolheu este caminho. Após o término do tratamento, ela decidiu que não viveria como se o câncer fosse o centro de sua vida. "Algo aconteceu comigo", declarou. "Fiz tudo o que pude para ser cautelosa em relação a isto. Não fiz disto o maior acontecimento da minha vida... apenas prossegui vivendo."

Maryln descobriu um grupo de apoio em meio às pessoas que conheceu. Ela cercou-se de bons amigos e de pessoas otimistas. Muitas mulheres podem não ser tão afortunadas, comenta ela, principalmente no interior do país. Entretanto, o câncer de mama ocorre com tanta freqüência, que é provável ter alguém próximo que esteja passando por isso.

"Anos atrás, não falávamos sobre o câncer, e isto é o que importa para os grupos que estão se formando", explica Maryln. Apesar de ela não haver sentido a necessidade de freqüentar um grupo, reconhece que cada paciente do câncer precisa tomar sua própria decisão sobre o que é melhor para si.

Maryln até procurou orientação fora da região onde mora, contatando a Fundação Komen. "Fui bem acolhida pela Fundação Komen de Conscientização do Câncer de Mama, que Nancy Brinker iniciou em memória de sua irmã. Amigos ajudaram-me a passar por isto, e conduziram-me na direção certa."

Maryln não encontrou seu apoio em grupos, mas individual e pessoalmente, através do humor e da amizade. Nem todos têm bom humor em uma situação dessas. O humor, entretanto, é uma particularidade de Maryln. Ela sente-se grata pela dádiva dos sorrisos que seus amigos trouxeram-lhe durante esta experiência. "Mesmo passando por tudo isto, nunca perdi meu senso de humor. Acredito que rir é muito bom... assemelha-se à endorfina. Você apenas não deve ficar se lamentando. Em vez de perguntar 'Por que isto está acontecendo comigo?' diga 'Estou sobrevivendo'."

Quando Maryln fez a cirurgia, o hospital estava cheio. Ela permaneceu lá por apenas dois dias, durante os quais dividiu o quarto com uma adorável mulher, que era avó, e passara por uma dolorosa cirurgia de câncer do cólon. "Ela estava recebendo doses de morfina para suportar a dor", conta Maryln. "Mas raramente a usava."

A mulher disse a Maryln: "Não quero correr o risco de ficar dependente. Por enquanto, posso suportar a dor".

Enquanto conversavam, estavam assistindo à televisão. Outro jogador de futebol havia sido suspenso por usar drogas. "A desculpa dele era ter usado isto apenas para suportar a dor", relata Maryln.

"Sorri para aquela valente e forte avó, e sempre me lembrarei dela. Se ela podia fazer isso, aposto como um jovem, grande e forte jogador de futebol também pode."

Você Sabe que Está Viva

De todos os sentimentos, o medo é o que mais enfraquece o discernimento.
CARDINAL DE RETZ

Maryln encerrou nossa conversa contando-me que estava terminando uma coluna para o jornal e precisava estar no centro da cidade às dez horas. Agradeci-lhe por compartilhar sua história.

Mais uma vez, Maryln enfatizou o lado positivo: "Ter câncer de mama não é horrível. Há reconstruções incríveis. Você sabe que está viva". Aquele conhecimento libertou-a, declarou ela. Saber que estava viva ajudou-a a combater os temores. "Já não sou tão assustada como antes. Agora sei o que é realmente importante. Ter câncer de mama ajudou-me a escrever, e eu tenho esta nova atitude de ser um pouco mais corajosa. Algo que me ensinou muito durante toda a experiência foi este velho ditado: 'A vida é o que acontece enquanto você planeja alguma outra coisa'. Você nunca sabe o que está reservado. E nisto há algo de esplendoroso. O pior aconteceu comigo, e eu fiz com que isso passasse."

A atitude de Maryln pode ser uma inspiração para todas as mulheres. Ela cometeu o erro de adiar sua mamografia, mas não assumiu uma atitude de derrota. Adiar a mamografia não significa, necessariamente, que tudo está perdido. Não significa que você deva jogar as mãos para o alto e dizer "Eu desisto", e viver às custas desta desculpa. Transforme este erro em um trampolim para uma sobrevivência bem-sucedida. Como aconselha Maryln: "Apenas faça a mamografia".

Seja seletiva com seus médicos. Se você está se consultando com um de quem não gosta, que não conversa com você, ou que a deixa desconfortável, mude de médico.

A sua personalidade é
o resultado da sua conduta.

ARISTÓTELES

Deus nos coloca de joelhos quando menos esperamos. Aprendendo a abrir o coração aos outros, e a receber suas ajudas e orações, também aprendemos como servir a Deus. Ele não nos dá todas as respostas imediatamente, mas elas estão lá.

Capítulo Oito

Pintando a Irmandade

Você não construiu grandes catedrais
Que os séculos aplaudem,
Mas com uma graça extraordinária
Sua vida é um templo de Deus.
THOMAS FESSENDEN

PLANEJANDO ESCREVER algumas notas de agradecimento, apanhei uma caixa de cartões numa loja de presentes, não faz muito tempo. Os cartões chamaram-me a atenção em virtude da bela imagem de três mulheres, todas usando chapéus. Achei os cartões lindos, e estava com pressa. Como muitas outras mulheres que já viram estes cartões, eu não sabia de que modo especial eles surgiram.

Após trazê-los para casa, abri um, pretendendo escrever a um amigo que me surpreendera mandando-me flores em meu aniversário. Entretanto, antes de começar, os dizeres atrás do cartão chamaram-me a atenção.

"*Sobre o artista*", li no título. "*Vicki Kovaleski é uma pintora de aquarela em Little Rock, Arkansas. Suas obras de arte têm histórias como tema — muitas delas pessoais. Como uma mulher enfrentando o câncer de mama, Vicki conta-nos, em seu último trabalho, sobre suas experiências com o poder de cura da irmandade. Esta pintura pertence à Série da Irmandade.*" A pintura vale todos os elogios que pudermos tecer. Inspecionando minuciosamente os cartões, observei que cada um deles, na pequena caixa branca, conta-nos uma história.

Nossos caminhos cruzaram-se recentemente por causa do trabalho, e agora Vicki Kovaleski é minha amiga. Vivendo na mesma cidade, fiz-lhe uma rápida visita para colher depoimentos sobre o seu trabalho e sua experiência pessoal com o câncer de mama.

Graciosamente, Vicki mostrou-me alguns dos trabalhos em que se concentrava no momento, incluindo um tributo patriótico ao corpo de bombeiros e aos policiais de Nova York envolvidos no resgate após o ataque terrorista ao *World Trade Center*, em setembro de 2001. Vi capas de revistas que destacavam seu trabalho dispostas na parede. Contudo, caminhando por seu estúdio iluminado pela luz do sol, ficava óbvio que o coração de Vicki estava nas imagens de mulheres usando chapéus coloridos, iguais às do cartão que eu comprara.

Sentei-me em um sofá estofado. O sol aquecia minhas costas, enquanto Vicki partilhava comigo sua história sobre a origem dos cartões.

A Série da Irmandade

"Eu não fazia idéia de que teria uma empresa de cartões, porque tudo o que eu queria fazer era pintar", confessou Vicki. "Quando o meu câncer de mama foi diagnosticado, minha terapia foi apenas pintar. Acredito que Deus não lhe dá todas as respostas de uma vez. Se Ele o fizesse, eu poderia fugir! Quando tinha um bom dia, queria apenas pintar. Eu não sabia o que faria com as pinturas. Sabia apenas que precisava pintar. Sentia como se estivesse fazendo o que Deus queria no momento: pintar!"

Vicki explicou que em seu primeiro diagnóstico o médico recomendara-lhe que conversasse com alguém que tivesse enfrentado a mesma doença. "Sou uma pessoa muito reservada", confidenciou ela. "Eu não queria contar para ninguém, mas o médico insistiu, e disse que pediria a uma senhora chamada Evelyn que me ligasse, se eu lho permitisse."

Evelyn ligou, e perguntou a Vicki se ela achava que seria de alguma ajuda ver os resultados da cirurgia de reconstrução. Vicki percebeu que ela e Evelyn tinham muito em comum. Apesar de serem membros da mesma igreja, esta era tão grande que elas nunca haviam se encontrado. Então marcaram um encontro. Nesse dia, Evelyn, rapidamente e sem embaraço, levantou a blusa e disse: "É isto". Ligeiramente atordoada, Vicki assentiu: "Eu posso viver com isto".

Após um desajeitado primeiro encontro, as duas senhoras tornaram-se grandes amigas. Uma vez que Evelyn tinha feito a mastectomia e a reconstrução apenas três semanas antes, ela sabia como era importante ter uma amiga que a acompanhasse.

"Evelyn não me deixava ir sozinha aos exames", relata Vicki. "Este foi o primeiro momento em minha vida em que senti não ser mais um ser humano. Eu era um número no punho de uma camisa. Era o momento de apenas esperar por testes e mais testes. Ter Evelyn comigo foi muito bom, simplesmente por ter outro par de orelhas para ouvir o que o médico dizia, porque acho que eu teria entrado em choque. Quando as notícias não são boas ajuda ter alguém enquanto você sobe e desce a montanha-russa. Tê-la ali comigo foi inestimável."

Embora houvesse passado apenas três semanas do pós-operatório de Evelyn, ela esteve com Vicki todo o tempo. "Tivemos muito tempo para conversar", relembra Vicki. "Falamos sobre a quimioterapia e a perda dos cabelos. Ela ainda não começara o seu tratamento, mas disse-me que provavelmente os perderia."

Vicki organizou a festa do "Dia do Chapéu", convidando não apenas Evelyn, mas outra amiga que estava fazendo quimioterapia e um fotógrafo amigo para registrar. As três senhoras foram fotografadas experimentando chapéus.

"Tentamos tornar divertida uma experimentação de chapéus naquele dia", recorda-se Vicki. "Contudo, interiormente, estávamos muito assustadas com o início do tratamento, e com a possibilidade de perder nossos cabelos. Com aquelas fotografias, comecei a pintar. Eu só queria pintar, porque era o meu jeito de verificar se estava tudo bem em usar chapéus."

Inspirada com as pinturas, Vicki surpreendeu-se com a quantia de milhares de dólares que foram destinados à Fundação do Câncer de Mama Susan G. Komen. A caixinha branca de cartões com imagens de mulheres usando chapéus começou a ser difundida pelo mundo, e as vendas cresceram rapidamente.

"Intitulei de Irmandade a série de pinturas", explicou Vicki, "porque não tenho nenhum parente perto de mim. Minha família está a muitos quilômetros, em Michigan. Mesmo pertencendo a uma numerosa família, era demais esperar que eles viessem. Meu marido trabalhava por longas horas, e eu sentia isto de forma tremenda. Eu pensava: 'Não posso responsabilizar meu marido. Tenho crianças em casa'. Minhas amigas eram como uma família".

Terças-feiras com Mary

Uma das minhas pinturas favoritas de Vicki chama-se "Terças-feiras com Mary". É a imagem de uma encantadora senhora de oitenta e poucos anos, que a inspirou. Vicki contou-me a história de Mary.

"Faz cinco anos que tenho o prazer de visitar Mary em um retiro. Tornamo-nos conhecidas quando perguntei em minha igreja se havia algum trabalho voluntário em que precisassem de mim. Disseram: 'Sim. Há uma mulher que nos liga de fora da cidade, e está preocupada com a mãe. Ela ficaria maravilhada se alguém pudesse visitá-la'.

"Bom, aquele alguém era eu, e Mary e eu tornamo-nos boas amigas com o passar dos anos. Ela usa um andador e um tubo de alimentação permanente no estômago, por causa do câncer de cólon. Mary lê muito, e está sempre afiada. Ela adora ouvir sobre meus filhos, e eu gosto de escutar sobre sua vida na Costa Leste.

"Mary fez muitas e diferentes cirurgias. O que você pensar, ela já fez, mas nada disso a deprimiu, e o mais importante: ela jamais se queixa. Muitas vezes eu a levei a um passeio em meu pequeno conversível vermelho. Não podíamos ir muito longe, mas Mary adorava sair. Contei-lhe que ia fazer uma cirurgia na mama e, uma vez que ficaria alguns dias no hospital, não poderia visitá-la por algum tempo.

"Mary foi a única que surpreendeu-me, pois, enquanto eu estava no hospital, ela arranjou uma carona com alguém do retiro, e, em seu andador e com o tubo de alimentação, foi visitar-me. Para alguns, talvez, a sua visita fosse apenas um simples gesto. Para mim, foi monumental. Ela poderia ter todas as desculpas possíveis, mas veio visitar-me."

Uma Pequena Ajuda de meus Amigos

Após a mastectomia, Vicki foi para casa recuperar-se e iniciar a quimioterapia. Antes do início do tratamento, um grupo de amigas a surpreendeu, levando-a à praia.

"Disse-lhes que não sabia se meu médico me deixaria fazer um passeio desses, mas elas insistiram que eu perguntasse. Perguntei ao meu cirurgião, e, para a minha surpresa, lá fomos nós. Só o passeio de van com aquelas seis mulheres já foi hilário. Uma vez que eu acabara de passar pela cirurgia, descansei muito, e elas faziam compras. Eu repousava, e elas compravam mais um pouco... Então, pintei todas estas mulheres sentadas na praia comigo. E isto foi muito edificante."

Depois de uma semana na praia, as amigas voltaram para casa, e Vicki começou a quimioterapia.

Vicki sorriu ao contar-me sobre uma amiga que ligara para ela e dissera: "Eu não cozinho, mas estou indo aí pegar suas roupas para levar à lavanderia".

Aquele gesto era o tipo de ajuda que Vicki mais apreciava. "Aquilo foi muito sincero e tremendamente útil para deixar a casa em ordem. Acho que freqüentemente subestimamos gestos simples. Acreditamos que as ajudas devam ser monumentais para serem memoráveis. Outra amiga determinou-se a fazer pequenos travesseiros para mim — diferentes tamanhos de travesseiros para que eu me apoiasse. Ela achou que após a mastectomia eu precisaria deles. E eu não pude acreditar no número de vezes que usei aqueles travesseiros. Ela era uma talentosa costureira, e aquele foi um presente memorável. Não podemos pensar assim: *Meu presente não é nada grandioso. Fico embaraçada em fazer isto.* Aqueles travesseirinhos foram maravilhosos. Eu os colocava atrás do pescoço, e sob os cotovelos."

Vicki foi abençoada por amigos que compraram comida, especialmente durante o verão, quando seus filhos estavam em casa. Com o marido e três meninos, a hora das refeições demandava muito trabalho.

Outra amiga, que é uma super organizadora, escalou os dias em que os amigos da igreja, os amigos artistas, e os amigos do tênis trariam o jantar.

Para proteger a privacidade de Vicki e permitir seu descanso, a família manteve uma geladeira na varanda dos fundos. Os amigos poderiam deixar a comida lá, sem perturbá-la nos dias em que ela não podia ir até a porta.

Certa noite, seu filho mais novo estava sentindo-se triste, e quando uma vizinha trouxe o jantar, "seu rosto se iluminou", recorda-se Vicki, "porque ela entrara na cozinha para dizer oi. Normalmente, os amigos deixavam a comida na geladeira da varanda, e ele não via ninguém. A vizinha estava acompanhada de seu filho, e quando meu filho a cumprimentou, ela deu-lhe um grande abraço. Acredito que era tudo o que ele precisava. Naquela noite, descemos para jantar, e ele mostrou-se pronto a sair da mesa e estudar, tão logo terminamos. Ela trouxera o senso de normalidade de volta à nossa casa. Apreciamos não apenas o jantar, mas o abraço também".

Vicki enfatizou o quanto fora valioso os amigos trazerem alimentos para a sua família. Isto foi tão importante, que agora ela quer organizar uma cozinha em sua igreja para os que precisam de ajuda, assim como ela precisou. "Conheço algumas mães e pessoas de idade avançada que serão os primeiros que tentaremos ajudar", afirmou. "Muitas mulheres não têm o mesmo apoio que minha igreja ofereceu-me. Eu sempre digo: não subestime o poder de um ensopado ou a utilidade de uma faxina, e especialmente uma visita, como a de minha amiga Mary."

Vicki disse que sempre apreciou cartões de encorajamento. "Uma amiga enviou-me um cartão por dia durante seis meses. Aprendi o quanto foram valiosas aquelas palavras escritas. Alguns cartões eram engraçados, outros criativos, e em um ela apenas escreveu: 'Seja forte. Tenha coragem'. Os cartões significaram muito para mim, e inspiraram-me a colocar minha arte em cartões que pudessem ajudar a erguer outras pessoas."

Mulheres Ajudando Mulheres

As imagens que Vicki pintou como terapia podem agora ser usadas para encorajar outras pessoas. O poder de mulheres ajudando mulheres afetou Vicki tão profundamente, que ela resolveu oferecer uma significante ajuda para a Fundação Komen, que tem por missão erradicar esta doença que ameaça vidas, através do avanço das pesquisas, da informação e do tratamento.

Como a demanda dos cartões da Irmandade cresceu, Vicki freqüentemente maravilha-se com uma mulher em especial, que sempre compra caixas e caixas de cartões. O que será que ela faz com eles?

O mistério foi solucionado quando Vicki descobriu que a senhora era comissária de bordo de uma grande empresa aérea. Ela recebera um dos cartões, lera a história no verso, e encomendara uma coleção. Ela amava os cartões, e os mostrava aos passageiros, no avião, que compravam caixas deles.

Vicki e a comissária nunca haviam se encontrado. Isto fora apenas o poder da irmandade mais uma vez. A comissária apreciava o fato de os cartões ajudarem a encontrar a cura para o câncer de mama, e só queria colaborar. Recentemente, Vicki e a comissária de bordo finalmente se encontraram. Ambas foram homenageadas num almoço da Fundação Komen por todo o dinheiro que juntas levantaram. "Isto mostra como eu estava alcançando pessoas de todo o país, e como estávamos compreendendo a mensagem da irmandade".

O esforço da comissária de bordo levou Vicki a uma viagem ao Maine. A senhora que representava a Fundação Komen no Maine recebera um cartão de uma sobrevivente que o achara maravilhoso. "Eles se perguntavam se podiam ter a mim como artista convidada durante a grande corrida", contou Vicki. "Desenhei um cartaz que foi oferecido como prêmio ao melhor voluntário. Tudo porque alguém enviou um cartão. Tudo porque estive em casa pintando... Surpreendente!"

Dirigindo um Grupo de Apoio

Agora, uma vez por mês, Vicki e sua amiga Evelyn dirigem um grupo de apoio aos doentes do câncer de mama, composto por 25 mulheres de todas as idades. Descrevendo as mulheres como solitárias, casadas, jovens e não tão jovens, Vicki afirmou que todas têm algo em comum: o câncer de mama. "Abrimos todas as reuniões com uma oração, e então temos o momento de partilhar alegrias e preocupações. Esta é uma forma maravilhosa de apoiar e educar, mesmo que tenham diferentes necessidades, dúvidas e temores. O medo do desconhecido é excluído, pois em nosso grupo sempre há alguém atravessando problemas semelhantes."

Vicki ressaltou o quanto é importante para uma mulher com câncer de mama conversar com alguém que tenha passado por isso. Certas coisas, médicos e enfermeiras não dizem às pacientes, ou nem mesmo pensam em dizer, porque isto nunca aconteceu com eles, afirmou Vicki. "Muitas senhoras em nosso grupo tomam medicamentos fortíssimos contra o câncer, e podem ser tranqüilizadas por alguém que tenha tomado o mesmo medicamento."

As mulheres descobrem apoio e conforto umas nas outras, enquanto lidam com os variados efeitos do tratamento. A jornada não é igual para todas, mas em um grupo, alguém saberá o que dizer. "Como o fato de uma mulher perder o cabelo", explicou Vicki. "Quando as três amigas na primeira festa do chapéu os puseram na cabeça naquele dia, não sabíamos quem perderia o cabelo. Como se verificou, Leslie e eu não o perdemos. Não obstante, Evelyn sim. Brincamos dizendo que nossos coquetéis de quimioterapia continham ingredientes diferentes, e o de Evelyn tinha 'perda-de-cabelos'."

Através de cada luta, as mulheres conduziam as situações descobrindo o humor em todas elas. "Parecia que todas nós sentíamo-nos melhor quando ríamos", constatou Vicki. "Apenas um rosto entre os membros do grupo parecia ainda não estar pronto para rir. Mas ela continuava a freqüentar as reuniões."

Lições e Presentes

Lições e presentes vieram através da alegria que partilhávamos na irmandade. "O câncer de mama ensinou-me a ser alegre", disse, "porque eu não sou tão séria em relação aos infortúnios como era antes. Sei que motivos não faltam para que eu fique consternada, mas eles também ajudam a rir, e rir é algo que este grupo faz. Isto nos deu o presente da alegria. Este é um presente real para nós".

Admitir que precisa de ajuda, aceitar ajuda e dizer "obrigado" são outras lições que Vicki aprendeu.

"Ter câncer de mama ensinou-me a receber. Era muito difícil para mim fazê-lo", confessou Vicki. "Eu era uma dessas mulheres que jamais pede ajuda, e ainda assim fui abençoada vendo-a fluir à minha porta."

A jornada pelo câncer de mama pode ser uma experiência espiritual profunda, se o permitirmos. Aprender a receber a bondade dos outros e a abrir o coração é um dom poderoso. "Todos apreciamos o 'poder fazer'; contudo, há momentos em que Deus nos coloca de joelhos quando menos esperamos", disse Vicki.

"Fiz 50 anos semana passada, e preciso ser honesta: adoraria ter meu corpinho de volta. Entretanto, não posso fazer com que o tempo volte. Muita coisa boa proveio dessa experiência. Percebo que mudei para melhor, e meu marido também. Sinto o seu amor muito mais, e é lógico que ele me ama muito, muito... e isto significa tanto para mim! Alguns maridos fogem ao deparar-se com um problema sério como este. Fui muito abençoada, porque estamos mais unidos agora, e valorizamo-nos mais que antes. Alguns matrimônios melhoram, e outros ficam ruins. Fui abençoada. O meu melhorou."

O Campo Missionário

O marido de Vicki é médico, e há alguns anos ela e seus filhos acompanharam-no, junto com outros amigos médicos, a uma missão em Honduras. Quando retornaram para casa, mantiveram contato com um amigo do campo missionário. Durante sua provação do câncer de mama, Vicki recebeu dele uma carta, que ela considera ser a mais bela e significativa de sua vida. A carta explica como este homem elaborara um plano entre amigos, todos de diferentes cidades, para que, às vinte horas, orassem por Vicki e sua família.

Assim Vicki descreveu isto: "Naquela noite, recebi uma ligação de uma família que dizia estar celebrando o aniversário de sua filha, e estavam de mãos dadas orando por mim e por todos os membros daquela missão. A oração daqueles irmãos elevou o espírito de minha família. Fui inundada pela paz, e compreendi os planos de Deus para mim como esposa, mãe, amiga e artista".

A oração trouxe cura espiritual para Vicki, abrindo caminhos para que ela pudesse ajudar outras pessoas. Juntando seu desejo de servir a Deus às lições que aprendera em sua luta contra o câncer de mama, Vicki descobriu: "Minha missão agora é em casa. Fui educada porque minha amiga Evelyn já percorrera o caminho antes de mim, e ela dá o meu nome a qualquer paciente que esteja começando a trilhar o mesmo caminho. Se não me tivessem indicado o nome de Evelyn, não sei o que teria feito. Evelyn e eu decidimos que nossas missões não seriam em lugares distantes. Poderíamos trabalhar em nossas próprias casas".

Há muito trabalho a ser feito no campo do câncer de mama. Mulheres de todas as idades precisam aprender de que forma a detecção precoce pode salvar vidas. Muitos tumores, por exemplo, são descobertos através da mamografia, e não pelo auto-exame. Vicki declarou: "Tenho trabalhado na pintura de mais cartões para a pesquisa do câncer, porque sinto esta necessidade de dar algo em troca. Tenho sido muito abençoada. E, sim, quero apenas a cura para o câncer de mama!"

Vicki e seus cartões fazem-me lembrar da história de três homens construindo uma catedral. Um transeunte perguntou ao homem que estava escavando as fundações: "O que você está fazendo?" O homem olhou para cima desconfiado, e disse com um ar de cansaço: "Estou cavando um buraco".

Ao que estava ajoelhado próximo a uma montanha de concreto, o homem fez a mesma pergunta. Ele olhou para cima e respondeu-lhe: "Você não consegue ver que estou construindo uma parede?"

Perto dali, assobiando uma alegre melodia, o terceiro operário empurrava um carrinho cheio de areia. Ouvindo a mesma pergunta, o trabalhador, com o rosto radiante, respondeu: "Estou construindo uma catedral!"

A caixa de cartões pode parecer apenas uma porção de papéis bonitos com alguns dizeres. Vicki, entretanto, vê neles uma grande catedral da irmandade, onde, através do poder de mulheres ajudando mulheres, não há mais câncer de mama.

O câncer de mama traz-nos muitos presentes e alegrias. Ele pode ensiná-la a brilhar, a abraçar o bom humor, a receber sem entrar em esgotamento. O câncer de mama pode desencadear uma profunda experiência espiritual, trazendo esclarecimento e orientação sobre como viver a vida.

Às vezes na vida somos levados à praia pelas ondas, ficamos encalhados sem propósito, e descobrimo-nos fora da correnteza. Talvez precisemos da atenção de outros que possam ajudar-nos a retornar ao vasto oceano da vida. Qualquer que seja a nossa situação, uma atitude positiva é sempre o melhor remédio.

Capítulo Nove

O Melhor Remédio

A mente, somada aos medicamentos,
tem poderes para mudar o sistema imunológico.
Jonas Salk

EM UMA DE MINHAS FÉRIAS MAIS MEMORÁVEIS, passei uma semana com minha família na ilha Sanibel Captiva, na Flórida. Eu desfrutava o sol, o vento, as ondas e, em particular, aproveitava as praias repletas de conchas. A maré trazia um novo sortimento a cada noite, e eu e meus filhos passávamos horas, todos os dias, ajuntando e admirando nosso recém-descoberto tesouro do mar.

Sempre nos demorávamos na praia, ao fim do dia, para assistir ao sol desaparecer na linha do horizonte. Os meninos e eu ainda procurávamos a concha perfeita, embora já estivéssemos cansados de nos curvar para apanhá-las. Meu marido divertia-se apenas em ver nossos esforços para colhê-las. Uma noite, porém, algo lhe prendeu a atenção. Ele olhou para mim, e silenciosamente apontou o novo tesouro.

Samuel e eu fomos ver o que era. Uma estrela-do-mar, trazida pelas ondas, brilhava diante de nós. Levantando-a gentilmente, examinei-a mais de perto, sentindo os seus mais leves movimentos. Atirei a estrela-do-mar de volta às ondas, como se a estivesse enviando de volta para casa.

Samuel olhou-me e indagou: "Ela continuará viva, mamãe?"

"Acho que sim, e nós lhe daremos todas as chances", repliquei suavemente.

Samuel e eu estávamos parados diante do mar, esperançosos, em nossos corações de que a vida da estrela-do-mar se refizesse.

Hoje, recordo-me da estrela-do-mar todas as vezes que ouço falar de uma nova paciente do câncer de mama. Trazida pelas ondas, ao menos por um momento, encalhada sem propósito, objeto da preocupação de alguém. Ela viverá? "Nós lhe daremos todas as chances", preciso responder.

Com o diagnóstico do câncer de mama podemos sentir, por um momento, que estamos fora da correnteza, longe da vida. Então alguém nos levanta — o médico, nosso marido, um amigo, um parente, nós mesmos, Deus — e assim retornamos ao grande oceano da vida. E de algum modo, através disto tudo, somos renovados.

Embora minha amiga Dian Gregory viva agora nos Estados Unidos, ela cresceu em um lugar lindo e inspirador como a ilha que eu visitara na Flórida. Sua casa de praia ficava na pequena ilha de Bequia, na costa norte de Trinidad e Tobago. Uma das personalidades mais positivas que conheço, Dian está sempre alegre e sorrindo. Imagino que o seu espírito maravilhoso tenha algo a ver com os ares daquela ilha.

Adoro estar perto de Dian. Quando fui visitá-la no começo de dezembro, havia uma guirlanda pendurada em sua porta, uma árvore de Natal era vista pela janela, e ela recebeu-me com o seu sorriso enorme de sempre e, com um abraço, convidou-me a entrar. O vento soprava gelado, e ela fechou a porta. A cordialidade natural de Dian afastava o frio como se ela desse as costas ao vento invernal e convidasse: "Acheguem-se".

Segui-a para o interior de sua luxuosa casa suburbana, até um cômodo de onde avistava-se um jardim bem cuidado e uma piscina límpida e azul. Sentamo-nos em um confortável sofá. Enquanto Dian acomodava os pés, percebi que ela estava descalça. Ela percebeu que eu olhava, e riu. "Ainda tenho meus pés de ilha". Isto foi no Texas, onde, mesmo em dezembro, o chão não congelava. Mesmo assim, estava frio! A piscina do lado de fora cintilava ao sol do

Texas e parecia convidativa mesmo num dia frio. Dian, que deixou sua ilha há 40 anos, ainda conserva um coração tropical.

"Deixe-me mostrar-lhe um quadro", ofereceu ela em seu lindo inglês de sotaque acentuado. Mostrando-me uma grande fotografia da ilha tropical onde nascera, apontou-me traços significativos.

"Veja os pés de coco, e aqui estão as plantações de laranja da ilha." Apontando para uma clareira, ela disse: "Aqui era onde ficava a nossa casa na plantação. A outra ilha é Saint Vicent. Ela fica a cerca de vinte quilômetros, e esses recifes, que ficam a um quilômetro de lá, é onde meus irmãos e eu nadávamos sem tubos de respiração".

O que para mim parecia ser o paraíso e uma vida perfeita não o era para Dian. "Meus pais eram muito severos", contou-me. "O diretor inglês veio à nossa casa para ser nosso professor particular. Então, não fomos para a escola tradicional. Certa vez quis cortar o cabelo, porque estava tão longo que eu podia sentar nele. Mas meu pai não concordou. Eles eram muito, muito severos com meus dois irmãos e eu. Meu pai fez muitos trabalhos políticos nas ilhas."

Dian contou-me que a rainha da Inglaterra recompensara seu pai com o título de Membro do Império Britânico. Ela levantou-se do sofá e chamou-me para ver um pequeno estojo de cetim. Posto num lugar de honra, o cintilante estojo abrigava a medalha de seu pai, com um certificado onde se via a assinatura da rainha. Dian também me contou a história da visita de Winston Churchill a Bequia, e o encontro de seu pai com ele. Os pais de Dian passaram para ela os tesouros familiares que ela tem conservado.

Ao completar 20 anos, Dian deixou as ilhas, gastando cada centavo que tinha com a viagem. Suas viagens levaram-na a conhecer e a casar-se com seu esposo, mas o matrimônio não a fez parar. "Quando Dave e eu nos casamos, minha mãe tinha um caderno de endereços só para mim, porque viajávamos muito", contou Dian. "Íamos de um lado para o outro, e mal retornávamos, já estávamos de saída. Alguns anos após termos nos casado, fomos visitar uma pequena vila de pesca em Devon, na Inglaterra, e decidimos que aquele era um lugar adorável para morar uns tempos. O lugar era deslumbrante, uma pintura perfeita que conquistou nossos corações. Foi lá que nasceu o nosso filho Andy."

De localização remota e rural, Devon possuía apenas um médico para fazer-lhe o parto — um parto muito difícil. Andy nasceu com problemas mentais, mas aos trinta e sete anos está se saindo muito bem.

Com o seu sorriso enorme, Dian contou-me que Andy morava numa casa com outros quatro, não muito longe dela. "Ele tem um emprego, e nunca perdeu um dia de trabalho", orgulhou-se ela. "E ele é muito feliz e otimista." Respondi-lhe com um sorriso, porque a descrição que ela fez da personalidade de Andy lembrava-me a da mãe dele!

A Luta de Dian contra o Câncer de Mama

Como outras mulheres que entrevistei, Dian é uma sobrevivente do câncer de mama. Sei que em todos estes anos ela tem sido uma voluntária no esforço de trazer informações às mulheres a respeito do câncer. Quando lhe perguntei como ela havia se envolvido, sua resposta foi simples: "Mamografia".

Há nove anos, a mamografia anual detectou uma calcificação. "Sabia que isto era maligno", contou-me. "Segundo o meu médico, eu poderia escolher entre a remoção do nódulo e a mastectomia. Meu instinto escolheu a mastectomia, embora eu não conhecesse ninguém que tivera câncer de mama para conversar a respeito.

"Meu marido ligou para o nosso amigo Peter, que é cirurgião ortopedista no Canadá, e disse: 'Peter, não sabemos o que fazer'. Dave explicou-lhe o que estava acontecendo. Peter aconselhou-me coragem e orientou-nos. Alguém em quem eu confiava ajudou-me a tomar a decisão."

Dian decidiu fazer a mastectomia com reconstrução. Hoje, devido aos novos tratamentos e à evolução das coisas, ela não sabe se faria a mesma escolha de nove anos atrás.

Mas para as mulheres que decidem, assim como ela, fazer a mastectomia com reconstrução, Dian recomenda fazer as duas cirurgias de uma vez. "Quando a cirurgia terminou, eu tinha o seio exatamente como antes. Retornar seis meses depois para a reconstrução seria muito doloroso. Eu estava preparada para a mudança, e o milagre da cirurgia foi que eu não me senti desfigurada."

Após a cirurgia, Dian recuperou-se rapidamente, e logo se sentiu bem. A parte mais difícil para ela foi aceitar fazer a quimioterapia que o médico recomendara. Ela não esperava passar por aquilo.

Dian procurou outro médico para obter uma segunda opinião. Ele disse-lhe: "O câncer foi removido, e você passou horas fazendo a reconstrução. Você fez tudo, e agora não quer dar o último passo que erradicará o câncer de seu corpo?"

Dian concordou com a quimioterapia. "Eu precisava ouvir aquilo. Nunca mais olhei atrás, desde então."

O marido de Dian ia a todas as sessões do tratamento e esteve com ela para o que fosse necessário. Ele até levava um bloco para anotar tudo o que os médicos diziam. "Ele foi um par de ouvidos para mim", relatou Dian. "Sentia-me entorpecida, e não me recordo de nada."

Enquanto Dian sente-se abençoada pelo apoio de seu marido, muitas mulheres não têm a mesma sorte. "Aprendi através de meu trabalho voluntário que, se o esposo não fornece apoio desde o princípio, o casamento é afetado", afirmou Dian. "Se o marido recusa-se a aceitar o que está acontecendo, geralmente o matrimônio cai num abismo."

Dian descobriu que a quimioterapia era tão difícil quanto imaginara. Para ela, a cirurgia fora mais fácil. Mas Dian manteve-se confiante, sabendo que a cada sessão ficaria melhor. "Eu pedia a mim mesma que tivesse uma atitude otimista. Eu não pensava: 'Por que eu?', pois o câncer de mama acontece, e aconteceu comigo. Eu não fiz isto comigo mesma. Apenas aconteceu."

Dian decidiu que faria todo o possível para ver-se livre do câncer. "Tive muitas náuseas por causa da quimioterapia, mas tomei alguns comprimidos que me ajudaram. Se eu sentisse cheiro de bacon enquanto cozinhava, sentia-me mal. Meu marido diz que eu sinto o cheiro das coisas a quilômetros de distância. Creio que também me sentia realmente cansada, mas eu nunca parava."

Após uma sessão de quimioterapia, Dian e seu esposo passaram uma semana na Flórida. "Falar sobre o tratamento, vendo o mar, foi maravilhoso", recorda.

"Não permiti que isto interrompesse minha vida. A vida continua, e eu não acho que deva parar de viver. Nos dias atuais, uma pessoa com diagnóstico de câncer não pode ter uma atitude negativa, pois a tecnologia fornece muita ajuda."

Dian fez várias perguntas aos médicos. Ela anotava todas as dúvidas para não esquecer de nenhuma. "Aprendi a não valorizar demasiadamente tudo o que os médicos diziam. Esta é a razão de eu fazer tantas perguntas: para tudo eu queria um porquê. Os médicos não sabiam quais eram as minhas dúvidas. Eles não podiam ler a minha mente." Fazer indagações ajudou a eliminar o medo, e trouxe paz à mente de Dian. "Quando eu compreendia o andamento das coisas, lançava para longe todo o temor", disse ela.

Convivendo com a Perda dos Cabelos

Durante um banho, no quarto dia da quimioterapia, Dian perdeu todo o cabelo. Ela sentia-se magoada ao ver que desciam pelo ralo. A ferida em seu coração não era por um senso de vaidade, disse-me. "Não tenho palavras para explicar como isso mexeu comigo. Eu lamentava profundamente."

Dian experimentou usar uma peruca. Detestou-a, e decidiu que jamais usaria outra vez. A maioria das pessoas não fazia comentários sobre sua aparência, e Dian apreciava quando alguém o fazia. Repetidas vezes, as mulheres entrevistadas por mim afirmaram preferir que as pessoas interagissem com elas a que as ignorassem. Nem todas as mulheres são iguais, e é necessário ter sensibilidade. Geralmente, entretanto, as mulheres com quem conversei eram receptivas aos comentários de outras pessoas. Dian fez uma observação muito interessante: "Não há problema em se dizer alguma coisa".

Ela não queria que os outros se entristecessem com a sua situação; simplesmente apreciava o cuidado das pessoas. "Algumas vezes, crianças me apontavam pedindo que suas mães olhassem para mim. E como as mães tentavam aplacar a descoberta dos filhos, eu ia até elas e dizia: 'Está tudo bem. Apenas explique para o seu filho que eu estou fazendo um tratamento médico que faz com que eu perca meus cabelos'. A verdade sempre parece um milagre. Hoje, sempre conto estas experiências a alguém que esteja fazendo quimioterapia, porque sei o que é passar por isto."

Às vezes, as pessoas são insensíveis em seus comentários: "Uma das senhoras do meu grupo de caminhada disse-me para eu não me preocupar com meu cabelo, pois era pura vaidade", contou-me Dian. "Isto machucou de verdade os meus sentimentos."

Entretanto, dois anos após o diagnóstico de Dian, esta amiga do grupo de caminhada ligou para ela se desculpando: "Eu realmente não sabia o que estava dizendo". E Dian respondeu-lhe: "Eu já esqueci". Então a mulher explicou-lhe que estava em tratamento contra o câncer de mama, e que percebera, ao perder os cabelos, quão danoso fora o seu comentário sobre a vaidade de Dian.

Familiares e Amigos

Dian é muito próxima de sua filha e de seu genro, que vivem a oito quilômetros de sua casa. Ela também recebeu um grande apoio de seu marido.

"Minha família ampliada", explicou, "é nosso círculo de amigos. Tenho 62 anos e vivo longe de meus parentes desde os vinte, quando saí da pequena ilha para conhecer o resto do mundo".

Mesmo que seus amigos mais chegados tenham passado momentos difíceis ao conversar com ela sobre o câncer de mama, Dian afirma: "Eu tentava tornar isto mais fácil para eles, e dizia-lhes: 'Sei que você não sabe o que dizer, mas sinto-me bem'. Então meus amigos sentiam-se mais confortáveis... Sei que queriam dizer algo, mas não sabiam o que. Algo encorajador seria maravilhoso, pois eu tentava a todo momento manter minhas atitudes na direção certa. Olhando para trás agora, vejo que tive um ano difícil, embora valoroso".

Por ter muitos amigos, Dian nunca achou necessário procurar ajuda em grupos de apoio. "Sou meio teimosa, e sabia que não deixaria aquilo me deprimir. Eu queria atravessar logo aquela situação, fazer o que quer que fosse, livrar-me daquilo, e prosseguir com a minha vida. Fui tão abençoada com amigos que não quis participar de grupos de apoio e correr o risco de ouvir coisas negativas. Tenho muitos amigos preciosos, e nem sempre eles entendiam a fase que eu estava atravessando. Contudo, estiveram sempre comigo. Acho que tive um pequeno grupo de apoio particular."

Uma Atitude Confiante

Dian fez tudo o que pôde para ficar bem. Ela decidiu não parar de viver por causa do câncer, e passava dias sem pensar nele. "Isto não consumiu a minha vida", afirmou. "Quando estava no banho, ou me secando, não olhava mais para a cicatriz. A vida após o câncer de mama é maravilhosa, e eu aprendi muito."

Passar por diagnósticos, cirurgias e tratamentos fortaleceu-lhe a fé, porque ela sabia que superaria tudo aquilo. Muitas coisas boas vieram desta experiência. "Acho que é por isso que não tenho paciência com sentenças e melancolias. Simplesmente não gosto de ouvir coisas negativas sobre este assunto."

Dian levantou a voz: "Se eu machucasse o pé, e ele sarasse, eu não prosseguiria pensando nisto. Então, por que eu trataria o câncer de forma diferente?"

Uma das maneiras de Dian lidar com o seu câncer é passando a outras mulheres o que ela aprendeu. Ela freqüenta reuniões na Fundação Komen do Câncer de Mama, que dissemina novas informações. "Trabalho no departamento de educação da fundação. Colocamos uma mesa num parque ou num shopping — qualquer lugar onde haja muitas mulheres — e distribuímos panfletos, respondemos perguntas e oferecemos muitas informações."

As mulheres geralmente passam sem parar para olhar ou fazer perguntas. Não obstante, como diz Dian: "Percorremos um longo caminho em nove anos. Tenho notado grandes diferenças. A atitude das pessoas tem mudado. Elas não estão mais com medo do câncer de mama. Mais e mais mulheres aprenderam que fazer a mamografia pode mudar tudo, e que a detecção precoce é a chave para se salvar uma vida".

Certa vez, enquanto trabalhava em uma exposição dentro de uma loja de departamentos, Dian notou que várias mulheres liam as informações. Hoje, ela afirma que mais e mais mulheres jovens estão ouvindo e prestando atenção. "O câncer de mama também atinge mulheres jovens", afirma. "Parece que não há barreiras de idade e raça."

Embora Dian faça um *check-up* uma vez por ano, sua vida voltou ao normal. Ela contou-me que este é o último ano em que terá de fazer exames com seu oncologista. "Eles gostam de acompanhar seus pacientes por dez anos. Logo eu voltarei a fazer consultas com o meu antigo médico."

Com o seu sorriso constante, Dian afirmou: "Sei que o câncer de mama é uma ameaça para toda a vida, mas devemos manter uma atitude confiante". Dian encoraja as mulheres a não deixar transparecer no semblante a sua condição, porque há muita coisa que pode ser feita.

A lição que aprendi com Dian é que a atitude confiante não se encontra num comprimido, e sim nos corações. Médicos não podem prescrevê-la. Ela deve partir de nós mesmas.

O filósofo Platão declarou: "O rosto é o espelho da alma".

Outra pessoa escreveu: "Cada um é o reflexo do que diz e pensa".

Os 62 anos de vida de Dian provaram que não importa o que diga um diagnóstico, uma atitude confiante é sempre o melhor remédio.

Porque, como imaginou na sua alma, assim é...
PROVÉRBIOS 23.7

Não valorize demasiadamente tudo o que os médicos dizem. Eles não podem ler a sua mente, e não conhecem todas as suas dúvidas. Fazer perguntas traz paz à mente e ajuda a eliminar o medo.

Às vezes deparamo-nos com portas fechadas, e não vemos as fechaduras e dobradiças. A fé ensina-nos que podemos transformar nossas vidas, sejam quais forem as circunstâncias, se mudarmos de atitude. As fechaduras e dobradiças que não podíamos ver, daí em diante tornam-se visíveis.

Capítulo Dez

A Única Maneira de Vencer

Deus recolhe os nossos pedaços e nos dá paz.
Anônimo

QUANDO INICIEI MINHA FÁBRICA DE SABONETE *Alda's Forever*, há onze anos, Bill Morris ofereceu-me ajuda. Sua esposa era a professora de artes de meu filho mais velho, e nos conhecêramos na escola. Bill havia encerrado sua carreira no mundo dos computadores, incluindo o tempo em que trabalhou com foguetes e naves no Centro Espacial Kennedy. Agora ele deleita-se em ser avô de seus próprios netos e de uma classe de primeiro grau. Bill visitou-me um dia, pois ficou sabendo que eu estava em pânico e precisava de ajuda para organizar as encomendas. Eu estava trabalhando em nosso novo anexo com a esposa de Bill e muitos outros amigos que tentavam ajudar. Estávamos fazendo sabonetes, embalando, e despachando para muitos lugares. Entreguei a Bill uma caixa de sapatos cheia de papéis. Em meu rosto estava escrito: "O que devo fazer?" Antes do fim de semana, Bill organizou no computador, e imprimiu uma lista dizendo exatamente quantos sabonetes eu precisava fazer para suprir meus estoques.

Com a liderança de meu marido, o negócio que comecei em nosso celeiro transformou-se em um complexo de 12 acres, que inclui fabricação, venda por atacado e um armazém de distribuição na área industrial da cidade. Bill acreditou em nossos esforços, viu-nos crescer e esteve ao nosso lado a cada passo que demos. Ele continua a trabalhar nas máquinas, ajudando a manter a agilidade da rede de comunicação, dos *softwares* e *hardwares*.

Bill sempre aparece discretamente, faz o trabalho e retira-se sem chamar atenção. Talvez, em virtude da forma com que ele executa seu trabalho, muitos de nós nunca soubemos da doença de sua filha. Apenas recentemente meu marido comentou com Bill que eu estava trabalhando num livro sobre o câncer de mama. Bill, que nunca levantava os olhos da tela de seu computador, naquele momento cruzou os braços. Com o seu jeito manso de falar, replicou após alguns instantes: "Minha filha teve isto há quatro anos".

Antes de contar-me o que Bill revelara, meu marido me disse: "Você não vai acreditar", e ele estava certo. De queixo caído, eu não podia acreditar que desconhecia este fato sobre Kathy, a filha de Bill. Meu marido e eu ficamos sem palavras. "Por que nunca soubemos?" Kathy morava a apenas duas casas de distância de Bill. Juntos, alegramo-nos com o casamento de sua neta, e com o nascimento de seus dois filhos. E ainda assim, eu não soube que a filha de Bill tivera câncer de mama.

Liguei para Kathy, e em nosso primeiro encontro soube por que demorei tanto a saber de tudo. Muito forte e rígida, Kathy tratara sozinha de seu câncer. Ela contara somente para os parentes próximos, e para uma única pessoa no trabalho.

Durante entrevistas e discussões com muitas mulheres, aprendi que cada pessoa encara o câncer de uma forma particular. Kathy era muito reservada a respeito de sua experiência. A sua fé nunca vacilou enquanto ela cuidava de suas ocupações e de seu viver diário.

A História de Kathy

Sozinha num quarto de hotel, quando fazia um trabalho fora da cidade, Kathy apalpou-se certa manhã, antes de vestir-se, e sentiu um caroço no seio. "Soube imediatamente o que era aquilo, mesmo que nunca o tivesse notado", relatou-me. "Voltei para casa e fui direto ao médico, sabendo que não estava em dia com a mamografia e que agora tinha um nódulo. No passado, comparecia com regularidade à mamografia anual, mas ultimamente andava tão ocupada, que o tempo lhe passara despercebido — já fazia dois anos!"

Apesar de as notícias não a terem devastado, Kathy sabia que aquilo não era bom. A compreensão do fato levou um tempo para afetá-la. "Não podia acreditar que aquilo estivesse acontecendo comigo. Com as outras pessoas poderia acontecer... comigo não."

Assim que aceitou a situação, afastou-se do trabalho por duas semanas, e fez a cirurgia. Alguns nódulos foram removidos. O tumor era maligno, e precisava de tratamentos adicionais. Kathy passou por várias sessões de quimioterapia e radioterapia, e voltou a trabalhar.

O marido de Kathy, com quem se casara há vinte e seis anos, dava-lhe grande incentivo. Ele a acompanhara às duas primeiras sessões; contudo, ela preferiu que ninguém fosse com ela — queria fazer tudo por si mesma.

A mãe de Kathy sentiu-se perturbada com o fato de ela preferir ir sozinha à quimioterapia. Kathy achava o tratamento fácil. "Eu ficava sentada numa cadeira enorme, com um cateter no braço, assistindo à TV", contou-me. "A quimioterapia deixava-me realmente cansada, mas depois eu me deitava e descansava bastante. Se eu precisasse trabalhar fora da cidade, eu me deitava, tirava uma soneca, levantava-me e ia."

Olhando para o Futuro

A única coisa que realmente a incomodava era a perda dos cabelos. "Eu ia ao banheiro, penteava-os, e eles caíam aos punhados. Era como se eu os estivesse varrendo de minha cabeça."

Kathy foi muito prática no modo como lidou com a perda dos cabelos. Olhando para o futuro, ela começou a usar uma peruca antes que os cabelos começassem a cair. As pessoas aprenderam a vê-la com a peruca, e nunca ninguém comentou nada. "Eu acho que apenas pensavam que meu cabelo não estivesse num dia muito bom", comentou Kathy.

Ela comprou uma peruca estilo pajem, com uma fita que facilitava a sua fixação na cabeça, mesmo depois que os cabelos caíram por completo. "Quando eu ficava em casa, tirava a peruca, e usava um boné ou uma touca."

Kathy foi capaz de conduzir sua rotina de tratamentos, e jamais se ausentou do trabalho. "Trabalhei durante todo o processo, e acho que ninguém percebeu. Em meu trabalho, viajava a pequenas cidades no Arkansas, Tennessee, Missouri e Mississippi, e ficava fora de casa a maior parte da semana", contou-me. Técnica de uma rede de supermercado, Kathy treinava funcionários no uso de caixas registradoras, em cada loja que visitava.

"Não dei muita importância ao fato, e não o contei a muita gente", confessa Kathy. "Nunca questionei; simplesmente aceitei as coisas como elas eram. A maior certeza que eu tinha, por ser cristã, é que tudo ficaria bem. Fui criada na igreja, e pela minha formação, eu sabia que era capaz de lidar com qualquer coisa com que me defrontasse. Eu estava orando, meu marido estava orando, minha mãe e meu pai estavam orando, e a minha igreja estava orando. Esta era toda a ajuda de que precisava."

Kathy tentou manter-se otimista e confiante durante o tratamento. Quando um pensamento ruim ou negativo começava a despontar, ela procurava ocupar-se de outra coisa. "Eu sabia que cada dia era um dia a menos daquilo que eu tinha de passar", declarou Kathy.

Mantendo-se Ocupada

Fiquei surpresa com a determinação de Kathy em não deixar que nada daquilo a deprimisse, especialmente quando ela contou-me que dirigira por quatro horas para apanhar sua netinha. A filha de Kathy está na marinha, e acabara de ter outro bebê, então Kathy achou que seria mais fácil para a filha se tivesse de cuidar apenas de um bebê, em vez de dois. "Com cada um fazendo um pouco, não seria pesado para ninguém", concluiu ela.

Kathy acredita que o segredo para a sua vida estar tão bem nos últimos quatro anos seja o seu desejo e determinação em manter-se ocupada. "Eu não desejava apenas não me concentrar no problema; desejava que ninguém o fizesse. Em meu coração, eu sabia que iria melhorar, e sabia o que fazer para melhorar. Manter-me ocupada em meu trabalho e ajudar a cuidar de minha neta era a minha terapia. Acredito que o melhor remédio é manter-se ocupada e prosseguir com a vida."

Às vezes, a quimioterapia deixava Kathy nauseada, mas ela superava isso também. Ela tentou usar um antináusea, mas não gostou, e resolveu passar sem ele. "Eu tinha de parar e comer alguma coisa, e nisto meu trabalho era fantástico. A companhia para quem eu trabalhava era bem tolerante com a agenda. Deixavam-me fazer o que fosse preciso para eles, em meu próprio passo. E eu continuei fazendo.

"De fato, não tive nenhum problema. Meus médicos eram maravilhosos, e eu confiava no que me mandavam fazer. Meu oncologista passava tempo respondendo às minhas indagações, e eu entendi completamente qual era o meu tratamento."

Um Tempo Certo para Tudo

Kathy partilhou comigo um versículo do livro de Eclesiastes, que a inspirara e confortara durante o conflito com o câncer de mama. "Eu tão-somente acreditava que este era o meu tempo, e que haveria um tempo para a cura", testemunhou.

Tudo tem o seu tempo determinado... Há tempo de nascer e tempo de morrer;
tempo de plantar e tempo de arrancar o que se plantou...
tempo de derribar e tempo de edificar.
ECLESIASTES 3.1-3

Desde que recebeu o diagnóstico, Kathy tem conhecido muitas pessoas em seu trabalho — e muitas amigas também — que receberam o diagnóstico de câncer de mama depois dela. "Fiquei tocada ao descobrir que eu era a primeira pessoa para quem elas ligavam. Uma a uma telefonavam-me, e queriam saber como era a doença que teriam de enfrentar", contou-me. "Foi pessoalmente gratificante estar lá para apoiá-las, responder às suas perguntas e acalmar-lhes o choro."

Algumas de suas amigas estavam muito receosas, mas Kathy mostrava-lhes que, ao contrário, deveriam ter garra e prosseguir, pois o câncer de mama é uma realidade. Sua experiência e honestidade incluíam a advertência: "Não sabemos o que provoca isto, e não podemos prever. Devemos apenas nos libertar disto. Vocês devem ser fortes, encará-lo e dominá-lo".

Kathy acreditava que as ajudaria contando-lhes suas experiências sobre a perda dos cabelos, e alguns dos efeitos colaterais da quimioterapia, como as náuseas. Agora existem remédios mais eficazes que ajudam a controlá-la. Duas amigas de Kathy que fizeram a mastectomia conversaram com ela sobre a situação, e ela afirma que isto lhes deu um pequeno alívio.

Kathy é um exemplo maravilhoso de mulheres que encontraram e fizeram o seu próprio grupo de apoio. Apesar de jamais haver freqüentado formalmente um grupo — e ela mesma afirmava: "Não preciso falar a respeito disto" — Kathy funcionava como uma ouvidoria ajudando outras mulheres a descobrirem por si mesmas como encarar o câncer. Basicamente, ela formava um grupo de apoio particular.

Kathy ainda toma Tamoxifen. A cada seis meses ela faz um escaneamento dos ossos e uma mamografia. A recomendação é que ela tome Tamoxifen por cinco anos, e agora ela está no quarto ano. Depois disto, o seu *check-up* semestral passará a ser anual. O médico recomendou-lhe alguns remédios que previnem um futuro retorno da doença. Ela é um exemplo perfeito de otimismo. Por haver transposto muitas portas, Kathy percebeu que elas têm fechaduras e dobradiças. O pessimismo é como uma porta fechada com cadeados e amarras.

A determinação e a coragem de Kathy vêm de sua formação e de sua caminhada diária com Deus. Usando o exemplo de Kathy, podemos transformar nossas vidas, sejam quais forem as circunstâncias, se mudarmos de atitude.

Quando perguntei a Kathy se o câncer de mama fora a pior coisa que lhe acontecera, ela calmamente respondeu: "Não". Com uma voz suave, contou-me que perdera um filho algumas horas depois de seu nascimento. "Sabia que se superasse os dias em que voltei para casa do hospital sem meu filho, poderia suportar qualquer coisa que me acontecesse."

Como muitas outras mulheres com quem conversei, Kathy enfatizou uma das grandes lições que aprendera com a experiência: "Faça a mamografia! Esta é uma das melhores coisas que uma mulher pode fazer por si mesma. Não deixe de fazê-lo por temer os resultados. Descobrir o câncer precocemente é a melhor arma para derrotá-lo".

Fé Cristã

Conversando com Kathy, creio que descobri a razão de o seu pai não me haver contado sobre o seu câncer de mama. Bill não comenta isso com ninguém porque Kathy continua firme. Sua fé cristã e seu temperamento enérgico mantiveram-na em sua caminhada diária. Eu abri a Bíblia e li o texto de Eclesiastes 3.1-3, que significa muito para ela. Ele continua:

> *Tudo fez formoso em seu tempo; também pôs o mundo no coração deles, sem que o homem possa descobrir a obra que Deus fez desde o princípio até ao fim.*
> ECLESIASTES 3.11

Bill ainda vai ao nosso escritório sempre que precisamos de ajuda com os sistemas de computadores. Meu marido e eu vibramos ao receber o convite para o qüinquagésimo aniversário de casamento de Bill e Marie. Ela e sua família estarão lá com os demais familiares e amigos de Bill. Ela sabe que, com a ajuda de Deus, vencerá a luta contra o câncer de mama. E ela não só está vencendo, mas também vê o seu andar com Deus como o único modo de vencer.

Mantenha a fé e vá em frente com as ocupações diárias. Seja forte, encare a situação, e então, tome as rédeas e prossiga, porque o câncer de mama é uma realidade. Saiba que Deus está no comando. Ele tem um propósito para tudo. A sua atitude fará toda a diferença no mundo, como na qualidade do seu viver.

O Único Caminho para a Vitória

É preciso um bocadinho de coragem,
Um pouco de autocontrole,
E uma forte determinação
Se você deseja alcançar o seu objetivo.
Isto requer um certo esforço
E um queixo duro e firme,
Não importa qual seja a luta,
Se você realmente quer vencer.

Não há um caminho fácil para a glória,
Não há um caminho de rosas para a fama.
A vida, como podemos ver,
Não é um simples jogo de salão;
Mas os seus prêmios convocam à luta,
À resistência e à resolução;
A uma disposição robusta
E a um não-sei-quando-parar.

Você tem de levar um soco, ou dar um.
Você deve arriscar, e deve perder.
E esperar que no confronto
Sofrerá com o machucado,
Mas você não deve estremecer ou vacilar,
Se uma luta você começou;
Seja forte, e encare a batalha —
Pois este é o único caminho para a vitória.

Autor Desconhecido

Quando uma fase de nossas vidas chega ao fim, precisamos deixá-la ir, e fazer uma transição sincera para a nova. A vida nos modifica, e apresenta-nos escolhas. Deus está sempre presente na dádiva de cada novo dia.

Capítulo Onze

O Broche de Lacinho Cor-de-rosa

Ninguém pode atravessar a vida sem sofrimentos... O que podemos fazer é decidir como usar a dor que a vida nos apresenta.
Bernie Siegel, M. D.

QUANTO MAIS VELHA EU FICO, mais tenho certeza das mudanças. A vida é uma jornada, e nós nos mantemos em movimento. Às vezes, encontramos bifurcações na estrada, e precisamos fazer escolhas. Às vezes, encontramos pedras e outros obstáculos, e temos de tomar muitas outras decisões. Na maior parte do tempo, não podemos retroceder — embora desejemos fazê-lo. Mas quando pensamos em voltar e mudar algo, viajamos no atalho da memória, que nos leva a reconhecer se alguma coisa boa pode provir da mudança, ou se é algo que não podemos aceitar. E algumas vezes a viagem pelas veredas da memória deixa-nos vazios.

A carrocinha do pão e a fumaça das locomotivas, entre tantas outras coisas boas e agradáveis que já não mais fazem parte de nossa vida moderna, provavelmente jamais voltarão. Algumas delas, em certo momento de nossas vidas, nos marcaram de alguma forma. Cada uma teve a sua importância e o seu encanto aos nossos olhos, mas o tempo recorda apenas o que era bom. Descobrimos que precisamos firmar-nos, ou então, ir embora. Desejamos reter o passado, mas é preciso deixá-lo ir.

Minha esperança é que, ao percebermos que uma fase chegou ao fim, sejamos capazes de fazer uma transição sincera para uma nova. O modo como entendemos cada evento em nossa vida, e a nossa atitude para com ele, podem reter-nos ou mover-nos adiante. Embora seja difícil enxergar o lado bom de algo tão terrível como o câncer de mama, a forma pela qual conduzimos esta situação pode transformá-la em algo magnífico e nobre, se nós o permitirmos.

A História de Debbie

Debbie Schatz tinha trinta e nove anos, quase completando quarenta. Como todas nós, Debbie fora informada por seu médico que, próximo aos quarenta anos, seria uma boa idéia fazer uma mamografia de base, que servisse de referência a futuras prevenções ao câncer de mama. Debbie fez a mamografia de base, e duas semanas depois recebeu uma carta dizendo que um nódulo fora detectado em seu raio X.

"Uma carta!", indignou-se Debbie. "Fiquei tão chocada, porque eu praticamente me esquecera que tinha feito a mamografia. Pensava haver feito o que era preciso, e pronto. Ao receber a carta, pensei no velho filme *Letter to Three Wives* (Carta para Três Esposas). O filme contava a história de três cartas que se perderam no correio, endereçadas a três mulheres que tiveram suas vidas totalmente mudadas, por jamais haverem recebido as correspondências."

De acordo com a descrição de Debbie, ao receber a carta, ela "ficou doida". Agendou uma nova mamografia, e uma biópsia provou que o tumor era maligno. Ela fez a cirurgia e a radioterapia, que descobriu ser assustadora. Isto foi há 15 anos.

Debbie podia lembrar-se de apenas uma prima distante, da Califórnia, que tivera câncer de mama. Além da prima, ela não conhecia ninguém que tivera o diagnóstico da doença. "Estava perplexa e abatida, pois ninguém na minha família tivera câncer de mama", contou-me. "Isto provavelmente não atinge a minha família. Até me recordo de haver dito: 'Isto não pode estar acontecendo comigo!'"

Embora o câncer de mama não fosse publicamente discutido naquela época, as pessoas apoiaram Debbie. Em seu círculo de amigas, ela foi a primeira a ter experiência com o câncer.

"Todas tínhamos em torno de trinta anos, e havia duas amigas cujos pais tiveram câncer. Mas eu era a primeira dentre as de minha faixa etária a passar por isto, e — é com tristeza que afirmo — estou certa de que não serei a última."

Confrontando as Emoções

Debbie lutava com as emoções. "Estava receosa. Nos dois primeiros meses, costumava chorar durante a noite. Eu não sabia nada sobre câncer, e, para mim, câncer era câncer. Não conhecia os diferentes estágios, e não havia ninguém a quem eu pudesse fazer perguntas. Finalmente decidi que enfrentaria aquilo com tudo o que eu tivesse. Não estava disposta a me entregar, embora não soubesse se ficaria bem. Acho que precisei de um ano para convencer-me de que tudo daria certo."

Por não estarem os nódulos enraizados, o médico de Debbie não recomendou a quimioterapia. "Hoje, mesmo que as mulheres não tenham nódulos enraizados, a quimioterapia é recomendada como medida preventiva", explicou-me. "Fiz apenas radioterapia, e, novamente, não conhecia ninguém que houvesse feito este tratamento. Não conversei com ninguém sobre os efeitos colaterais, que não eram tão ruins, embora eu ficasse sensível e com vermelhidão. A pior parte, entretanto, foi não saber o que esperar."

Debbie freqüentou a radioterapia cinco vezes por semana, durante seis semanas, e ficou "absolutamente exausta" com o tratamento. Só as idas e vindas já a deixavam cansada. Ela tentava não se queixar, pois a radioterapia fora escolhida por ela dentre as opções que os médicos lhe apresentaram.

"Conservei a mama, e optei por uma remoção do nódulo", relata Debbie. "Se tivesse escolhido a mastectomia, não teria feito a radioterapia. Mas a escolha fora minha."

Apesar de perturbada, Debbie sentia claramente o que estava acontecendo. "Prossegui com os sentimentos devastados, e fiz a remoção do nódulo. Mas disse a mim mesma que, se acordasse e quisesse fazer a mastectomia, voltaria atrás e a faria. Estava determinada a não viver com medo; então orei sobre a escolha certa."

Como muitas outras mulheres que passam por esta situação, Debbie sentia-se estressada. Seu médico, então, receitou-lhe antidepressivos. "Eu realmente tive problemas para sair daquilo, mas sabia que, com o passar do tempo, conseguiria."

Seu médico contara-lhe sobre um grupo de apoio fundado há pouco tempo. Ela freqüentou algumas reuniões, mas o grupo era formado, em sua maioria, por mulheres mais velhas. Suas dúvidas e interesses não eram os mesmos que os dela. Sua principal dúvida era se poderia, ou não, engravidar e ter um bebê saudável.

"Este foi um grande dilema para mim, porque eu era jovem, e ainda não era casada", contou-me Debbie. "Eu procurava respostas, porque parecia que ninguém fizera estudos sobre radioterapia. Um médico com quem conversei apenas olhou jocosamente para mim e perguntou-me se eu queria que meu filho ficasse órfão! Fiquei novamente devastada. Por fim, conversei com o meu radiologista e disse-lhe que não era casada, que não estava pronta para ter um bebê, mas que desejava conhecer as possibilidades. Ele foi muito gentil, mas disse-me que seria melhor eu adotar um bebê."

Ao olhar para o passado, Debbie afirma não ter mágoas por haver tido câncer de mama, porém lamenta jamais haver tido um filho. As respostas que recebera dos médicos deixaram-na insegura e preocupada, porque ela não se sentia disposta a desistir deste sonho.

A Vida, por si Só, É uma Bênção

"Sei que existem coisas piores que o câncer", confidenciou-me Debbie. "Mas esta foi a pior coisa que me aconteceu. Embora muitas coisas boas tenham provindo disso, não posso mudar os fatos. Tenho apenas uma irmã, e sou a mais velha. Não éramos muito próximas, e a melhor coisa proveniente de tudo o que aconteceu foi o nosso relacionamento."

Agora, Debbie e sua irmã se falam várias vezes ao dia. "Acho que só hoje foram quatro vezes", contou Debbie, rindo. "Agora somos muito próximas, e eu amo o meu sobrinho. Isto me fez compreender o que importa de verdade no grande esquema das coisas: meu relacionamento com Deus e com minha família. Não que eu pense ter sido uma 'pobre coitada', mas agora, sei que não o sou. Agora é preciso muita coisa para balançar meu barco. Há coisas bem piores para nos transtornar."

Abençoada com o apoio de sua família, Debbie jamais foi a lugar algum sozinha. Familiares, amigos e outras pessoas estiveram lá para mostrar-lhe que se preocupavam. "Quando eu estava no hospital, trinta e cinco pessoas diferentes enviaram-me flores. Isto foi um pouco extravagante, mas colocou-me de pé, pois, com algumas daquelas pessoas, eu não falava havia anos."

A experiência de Debbie com o câncer de mama tornou-a "muito, muito espiritual", contou-me. "Eu oro todas as noites, agora. E acho que nunca fiz isto em toda a minha vida."

Muitas das mulheres com quem conversei descobriram um relacionamento mais próximo com Deus durante a batalha contra o câncer de mama. Para Debbie, o câncer despertou-a completamente para a presença de Deus.

"Agora, sou muito agradecida por estar viva", afirmou. "Antes, eu nem sequer pensava nisto. Acho que a doença beneficiou-me. Hoje sei que a vida é uma bênção, e agradeço a Deus pela dádiva de cada dia. Cada dia é um presente especial, cheio de oportunidades para eu fazer algo por minha família e pelos outros."

As lições do câncer de mama não são aprendidas com facilidade. Na vida de Debbie, demorou um pouco para que tudo fizesse sentido. "Finalmente compreendi, e percebo as coisas maravilhosas que aconteceram, e pelas quais sou grata." Debbie decidiu que, em vez de tornar sua vida miserável por causa do que acontecera, seria preferível torná-la superior. E ela observou que, de fato, a vida tornara-se melhor.

Iniciando uma Nova Atividade

"Aos poucos restabeleci-me e retomei o ritmo diário. Entretanto, isto foi muito difícil para mim, pois não estava certa sobre o que fazer", contou-me. "Comecei como voluntária em um programa de auxílio aos aidéticos, por achar que seria útil não somente aos outros, mas a mim também."

Neste programa de ajuda, Debbie foi convidada para um café da manhã com um grupo que estava tentando iniciar uma filial da Fundação Komen do Câncer de Mama. Os membros do grupo estavam fazendo planos para a primeira Corrida pela Cura em Nova York. "Naquele momento eu estava realmente pronta para entrar de corpo e alma em alguma atividade", reconheceu Debbie. Ela começou trabalhando na Fundação Komen, e trabalhou na junta executiva de diretores por nove anos. Era uma atitude voluntária, e o propósito de Debbie era conscientizar outras pessoas acerca do câncer de mama.

Trabalhando na fundação, Debbie foi convidada a falar a grupos de mulheres e em almoços de negócios por toda a cidade. Em um destes almoços, ela decidiu que deveria usar um broche que representasse a causa. Morando a apenas dois quarteirões da loja de departamentos *Bloomingdales*, ela procurou lá, e em toda a cidade, mas não conseguiu encontrar um broche que representasse a consciência do câncer de mama. A semente para um novo negócio fora plantada na imaginação fértil de Debbie.

Debbie visitou um amigo joalheiro, e perguntou se ele poderia fazer um broche esmaltado cor-de-rosa, semelhante ao desenho que ela fizera a lápis. Ela encomendou seis broches em forma de laço de fita rosa.

"Eu estava trabalhando com publicidade, e separava tempo para falar em almoços. Uma das pessoas que apareceram nestes almoços foi John, o editor-chefe da revista *Good Housekeeping*. Ele e eu estivemos na mesma equipe na Corrida pela Cura. Ele veio até mim depois do almoço, e eu mostrei-lhe um dos meus seis broches. Ele agradeceu e pediu-me que o avisasse caso houvesse algo em que ele pudesse ajudar.

"Pedi ao John que colocasse o broche em sua revista, com o intuito de doar parte dos lucros para a Fundação Komen. Ele perguntou-me se eu tinha um número de caixa postal. Respondi-lhe que não, mas que na manhã seguinte teria um.

"No dia seguinte, acordei cedo e fui providenciar uma caixa postal. Liguei para a secretária de John, disse-lhe que já possuía uma caixa e dei-lhe o número. Olhando para trás, não sei se John realmente esperava tanta rapidez de mim, mas foi o que fiz, e ele acabou colocando um pequeno anúncio de duas polegadas em sua revista. O anúncio foi publicado numa página que eu pensava que não seria visto por ninguém, e muito menos que responderiam. Chamei-o de 'Broche para a Vitória', e as leitoras poderiam encomendá-lo enviando um cheque à minha nova caixa postal. Para a minha surpresa, tive mais de cem encomendas, e assim iniciei meu negócio."

A cada ano, desde que desenhou o broche, Debbie tem procurado lançar um novo produto, destinando parte dos lucros à consciência do câncer de mama. Seu último lançamento é um esmalte cor-de-rosa. Ela deu-lhe o rótulo de "Unha auxiliar do câncer de mama". "É um lembrete", esclarece ela. "Você olha para as unhas e faz o auto-exame."

As mulheres devem lembrar-se de cuidar de seus corpos. Ninguém fará isto por elas. O esmalte de unhas, afirmou, "tem literalmente alcançado o mundo, pois acabei de enviar um à Suécia! Preciso criar coisas atrativas que estejam na moda, e que sejam um fator conscientizador a todas as mulheres — um pequeno lembrete".

Debbie tem uma sobrinha de vinte e três anos. Para ela, esta jovem é como um lembrete contínuo daquilo contra o que ela está lutando. Ela não quer que o câncer de mama faça parte da vida de suas sobrinhas. "Sinto que se eu conseguir fazer com que as mulheres fiquem atentas, mesmo sendo jovens, será uma coisa boa", aspira Debbie.

"Agora, este pequeno broche e os negócios que criei têm se tornado a base da minha existência. Isto permite que eu seja o meu próprio chefe, e embora seja uma pequena companhia, estou fazendo o que gosto."

Debbie acredita que está fazendo a diferença com os seus negócios. Mulheres têm escrito cartas incríveis contando o que este broche significa, e como ele tem tocado a vida das pessoas. "É bom fazer parte de algo que tem um propósito, pois parte do dinheiro é enviada a grupos de apoio a doentes do câncer, todos os dias", disse-me Debbie.

"Este ano estou especialmente satisfeita por estar trabalhando com a União de Jovens Sobreviventes, que cuida de mulheres pacientes de câncer com idade inferior a quarenta anos. Fui uma destas mulheres, e não havia nenhum lugar para onde eu pudesse ir. Elas têm dúvidas e precisam ver exemplos de pessoas que tenham a sua idade — sei porque estive lá, tive as mesmas dúvidas, e as respostas foram difíceis de encontrar. Então o fato de hoje haver um grupo como este, ao qual eu posso ajudar, é muito estimulante para mim."

Debbie tem desenhado broches de lacinho cor-de-rosa especiais para muitos grupos. "Desenhei um broche com um tênis no laço cor-de-rosa para um clube de corrida. Criei outro com uma motocicleta no lacinho para um grupo de motociclistas. Fiz broches com motivos religiosos, uns com uma cruz no lacinho cor-de-rosa, e outros com a estrela de Davi."

Também desenhou o mesmo broche com um motivo afro-americano, que tem para ela um significado especial, porque as estatísticas mostram que este grupo de mulheres tem o mais alto índice de mortalidade por câncer de mama. A razão disto não é um número maior de casos, relatou Debbie, mas sim, a detecção tardia, ou a não detecção do câncer. A conscientização desempenha um importante papel na sobrevivência.

Debbie diz que não fora capaz de criar um lacinho cor-de-rosa com a bandeira americana, talvez porque isto afetasse profundamente os americanos, após a tragédia do 11 de setembro. Naquele dia, ela estava ao telefone com o seu contador, cujo escritório ficava na segunda torre do *World Trade Center*. Ele foi morto na tragédia. Um dia, porém, Debbie recebeu uma ligação de um escoteiro na Pensilvânia, cuja mãe tivera câncer de mama. Ele queria homenagear a mãe usando um broche em seu uniforme. "Aquele telefonema convenceu-me de que havia uma necessidade, e eu pude preenchê-la", disse-me.

Centro da Mama

Além de fazer parte do conselho da Fundação Komen, Debbie achou tempo para oferecer-se voluntariamente no Centro Memorial do Câncer Sloan-Kettering, que trata o maior número de pacientes de câncer que qualquer outra fundação do país. Localizado em sua vizinhança, o hospital tem um Centro da Mama onde Debbie trabalha todas as terças-feiras, o que tem feito desde a abertura deste centro, há nove anos. Ela conversa com as pacientes e seus familiares, traz-lhes café e tenta minimizar seus temores. Isto lhes transmite segurança, conforto e encorajamento.

"Elas não querem estar onde estão, e eu sei como se sentem", declarou Debbie. "Encontro-me com os pacientes antes e depois de receberem o diagnóstico, e digo-lhes que já passei por aquilo. Elas olham para mim com aflição nos olhos, porque este é o último lugar em que gostariam de estar."

O Centro do Câncer de Mama Sloan-Kettering tem salas de quimioterapia que Debbie descreve como "deslumbrantes". Cada sala privada tem uma televisão e uma porta de vidro com vista para um saguão.

"Embora não seja um spa luxuoso, tento fazer com que o tempo das pacientes lá seja o menos estressante possível, tranqüilizando-as", contou-me Debbie. "As pacientes desta sala já fizeram a cirurgia, e já atravessaram muitas situações. Elas estão em tratamento, e é fácil conversar com elas, porque sabem que tiveram câncer, e sabem em que estágio do tratamento se encontram. Já que muitas delas têm um tratamento semanal, costumam fazê-lo no mesmo dia da semana. Minhas pacientes da terça-feira são geralmente pessoas que vejo mais de uma vez."

Através do trabalho voluntário, Debbie aprendeu que tem, como todo o mundo, forças e fraquezas, e que há certas tarefas voluntárias que ela não se sente confortável em realizar. Ela gosta especialmente de ajudar nos feriados, e afirma ter descoberto o seu lugar, levando conforto através de palavras de encorajamento.

"Também as encorajo deixando-as ver que passei por tudo aquilo, e que agora estou bem. Se eu pude, elas também podem. Gosto mais ainda quando uma delas está na última sessão do tratamento. Esta é sempre uma ocasião alegre.

"Em muitos dias, espanto-me com o pensamento do que estou fazendo. Sou muito agradecida por este programa voluntário haver me encontrado, e por eu o haver descoberto. Sei que algumas pessoas jamais me esquecerão, e eu nunca me esquecerei delas... mesmo que, provavelmente, jamais nos vejamos outra vez. Por tudo isso, acho que descobri o segredo para uma vida feliz... encontrei um modo de tornar a tragédia do câncer de mama em um trabalho significativo e importante."

Procurando Significados

Doenças podem ser o nosso pneu furado espiritual —
interrupções em nossas vidas, que na hora parecem ser desastres,
ao final redirecionam-nos de forma significativa.
BERNIE SIEGEL, M. D.

Debbie passou anos procurando um significado para tudo isto. "Então houve uma coisa que serviu para abrir-me os olhos", afirmou.

Havendo sempre lido livros inspirativos e motivadores, Debbie decidiu, certo dia, ir a um seminário sobre saúde, recuperação e atitude. Um médico estava falando no seminário, no refeitório de uma escola pública, no lado oeste da cidade. Debbie era uma das 150 pessoas que participavam.

"O palestrante começou andando pela sala e pedindo a todos que dissessem em vinte palavras, ou menos, por que estávamos lá. Ele ouviu cerca de cento e cinqüenta histórias, a maioria de pessoas que tiveram câncer. Depois que a última pessoa falou, ele quebrou o breve silêncio com a pergunta: 'Alguém necessita mudar?' Aquilo atingiu-me, porque nenhuma pessoa queria. E é claro que eu sabia que a minha vida não era perfeita, mas era a *minha* vida. Percebi claramente que poderia escolher que tipo de dia eu iria ter. Naquele exato momento, eu soube que manteria minha vida assim. Embora levasse algum tempo, acho que cheguei ao lugar certo. Sabia que, com o câncer de mama, a maior ajuda que eu teria seria tentar fazer coisas boas para alguém."

Descrevendo aquele dia e seus efeitos, Debbie riu alto. "Então, comecei direcionando a minha vida!", contou-me. "Pensei comigo mesma: Vou apresentar-me como voluntária por uma hora, e então concordarei em participar de um comitê, e então oferecerei um dia por semana, e então verei quão longe irá este broche de lacinho cor-de-rosa."

Muitas pessoas têm visto o pequeno broche cor-de-rosa usado em colarinhos e lapelas, lembrando a batalha de mulheres contra o câncer de mama. Eles são o item mais vendido que a minha companhia oferece a lojas de presentes e de departamentos. Ontem, encomendamos cinco mil broches apenas para atender a pedidos. Todos estes anos, tenho me perguntado como eles surgiram. Agora eu sei.

Debbie Schatz, criadora do broche de lacinho cor-de-rosa e da companhia que o promove e vende, começou o negócio próprio durante o seu encontro com o câncer de mama. Sua história de vida *após* o câncer de mama, e não *por causa dele*, é a história de uma mulher que decidiu de que forma usaria a sua vida após as mudanças que o câncer fizera — ela faria o máximo a cada dia. Seus broches e outros produtos, junto com o trabalho voluntário, servem de conforto, encorajamento e de lembrete às mulheres que estão enfrentando o câncer de mama e àqueles que as amam. A vida de Debbie fez a diferença na vida de outras pessoas.

A vida é toda feita de escolhas. Na luta contra o câncer de mama, você pode decidir desistir da vida, ou entrar numa nova etapa — a vida após o câncer de mama. Faça o máximo a cada dia. Decida como viverá a sua vida a partir de então.

Pombas circulam no límpido céu azul,
tentando encontrar o caminho de casa.
A morte de um ente querido não é apenas um momento de angústia. Pode também ser um momento de renovação de propósitos. Deus tem um desígnio para a vida de cada um de nós. A morte de uma pessoa amada lembra-nos de que Deus também tem um propósito para a nossa morte.

Capítulo Doze

E Eles Voaram

Correi de tal maneira que alcanceis [o prêmio].
1 Coríntios 9.24

NA PIA DA COZINHA, lavei o último prato de nosso jantar em família. A mesa havia sido limpa, e eu estava pronta a ajudar nosso filho mais velho a soletrar algumas palavras. Pensando antecipadamente, eu esperava poder ter um tempinho para leitura antes de ir para a cama. Com as mãos gotejando, senti-me frustrada por ninguém atender o telefone que estava tocando. Quase o deixei sem resposta, mas algo me disse que se tratava de uma ligação importante. Rapidamente, agarrei um papel toalha, e depois o telefone. Assim que o levei ao ouvido, ouvi a voz de minha irmã: "Tenho algumas notícias que preciso dividir com você".

Meus joelhos se enfraqueceram enquanto eu deslizava de forma desajeitada em uma cadeira próxima, para escutá-la. Essa foi uma daquelas ligações que você deseja nunca receber.

Minha irmã, uma enfermeira formada, sempre se dedicara a levar mamãe e papai às consultas médicas. Naquele dia, ela havia levado nossa mãe. Ela sempre assistia às consultas para ouvir o que os médicos tinham a dizer, porque algumas palavras precisavam ser explicadas à mamãe em termos comuns. Mas hoje fora diferente. As palavras do médico foram simples; declarações chocantes. Mamãe recebera o diagnóstico de um câncer de mama avançado demais para qualquer tratamento. O médico tentaria mantê-la o mais confortável possível, e disse-nos para contarmos as semanas, e não os meses.

Minha mãe foi uma das mulheres mais fortes que já conheci. Ela jamais se queixou, e quando perguntávamos como ela se sentia, sua resposta era: "Oh, tudo bem". Ela teve a bacia quebrada e debilitada há muitos anos, e, desde então, caminhava com uma muleta. Contudo, isto jamais aparentou abater-lhe o espírito.

Atendendo a um desejo de mamãe, minha irmã e eu jamais usávamos a palavra que começa com C para falarmos de sua doença. Nascida em outra geração, mamãe sentia-se embaraçada por ter câncer, ainda mais câncer de mama. Para todos os amigos íntimos e membros da igreja, ela dizia apenas que tinha um problema no coração, e nunca se queixava. Minha irmã e eu olhávamos uma para a outra e mordíamos a língua, pois respeitávamos o seu desejo e compreendíamos que cada um deve conduzir esta situação a seu modo.

A doença de mamãe progrediu silenciosa e rapidamente, como o médico dissera que seria. Seus últimos dias, mamãe passou conosco. O médico receitara-lhe doses grandes de remédios para dissipar qualquer dor. Os longos dias e horas foram difíceis para meu pai, que não deixou de estar ao lado dela. Nosso filho Samuel trouxe o troféu de sua Pequena Liga de *softball* para mostrar-lhe. Conforme as horas chegavam ao fim, compreendi que a melhor coisa que eu poderia fazer era o que estava fazendo: estar lá em seu quarto silencioso, com o meu pai e irmã, enquanto chorávamos juntos.

Isto foi há dois anos, e sinto terrivelmente a falta de minha mãe. Sinto falta de sua ajuda a meus filhos com os deveres de matemática, pois ela tinha a paciência que eu nunca tive. Ela lia horas seguidas, com um garotinho no colo. Sinto a falta de tê-la ao alcance de uma chamada telefônica, quando estou na cozinha, porque ela era uma excelente cozinheira. Sinto a falta de seus ouvidos atentos, quando eu ligava para dar uma boa, ou má, notícia. Gostaria que ela jamais houvesse sofrido o que sofreu naqueles últimos dias. Não obstante, por causa da sua doença, e de todo o tempo que passamos juntos, percebemos quão maravilhosa ela era, e quão graciosamente partiu para a glória.

Gritando aos Quatro Ventos

Aquilo foi antes, e isto é agora. Hoje, minha irmã e eu espalhamos aos quatro ventos as vantagens de se fazer a mamografia. No mesmo período em que minha mãe esteve no hospital, soube que uma de nossas funcionárias —Val, uma preciosa jovem mãe — também recebera o diagnóstico do câncer de mama, em sua mamografia anual. Embora o câncer de Val fosse agressivo, poderia ser contido. Contê-lo prematuramente é o bastante para fazer a diferença. Sim,Val perderia seus cabelos, mas sua mãe, esposo e filhos não a perderiam.

Às vezes, acredito sinceramente que enquanto mamãe enfrentava seus últimos instantes de vida, ela sabia que Deus tinha um propósito não apenas para a sua vida, como para a sua morte. Com familiares e amigos reunidos à nossa volta no funeral, minha irmã, meu pai e eu soltamos pombas brancas para o céu de verão. Caminhando de volta, e olhando para o alto, surpreendi-me ao ver como as pombas pareciam se demorar, revoando em círculo, tentando achar seu caminho de volta para casa. Para mim, as pombas simbolizavam o Espírito Santo, e eu sabia que minha mãe estava no céu.

Aquelas horas de julho, sentada no quartinho de minha mãe no hospital, escutando apenas o *bip* do monitor, deram-me muito tempo para pensar. De repente tudo se tornou muito claro — a resposta para interromper esta doença era simples! Detecção precoce com a mamografia e o auto-exame. A chave para salvar uma vida é a educação — para todas as esposas, mães, irmãs e amigas. E mais: O que está ao meu alcance para fazer a diferença?

Com o apoio de meu marido, nosso negócio de fabricação e importação tornou-se realmente ativo e apoiador da consciência do câncer de mama. Ouvir que fazer um simples teste era decisivo para salvar uma vida foi para mim um brusco despertar.

No outubro seguinte, desejei participar da Corrida pela Cura Susan G. Komen. No sábado pela manhã, dirigi até o festival da cidade de Little Rock. Tive de procurar muito por uma vaga no estacionamento, porque eu não tinha idéia de quantas pessoas iriam participar da corrida. Precisei andar muitos quarteirões para chegar ao ponto de partida da corrida, e quando me aproximei, não estava preparada para as duas mesas na calçada. Numa das mesas, você poderia pegar uma plaquinha para usar nas costas durante a corrida, na qual estava escrito: *Em honra a* __________. Você preenchia o espaço em branco com caneta hidrográfica. Fiquei tomada de emoção junto à mesa, pois não queria dirigir-me à outra mesa, onde as pessoas pegavam uma plaquinha que dizia *Em memória de* __________. Meu coração estava doendo. Eu queria pegar a placa que dizia *Em honra a* __________, e escrever nela o nome de minha mãe, mas é claro que não pude fazê-lo.

Assim, é com paixão que falo a grupos de senhoras em todo o país. Não tenho medo de perguntar: "Você fez a mamografia anual?" Não me envergonho de usar a palavra que começa com C, pois sei que podemos fazer a diferença com um simples exame. Sou capaz de pronunciar as palavras *câncer de mama*.

No último ano, nossa companhia patrocinou a Corrida pela Cura, realizada em Little Rock. Uma imensa bandeira de aproximadamente dez metros, com o nome de nossa companhia, ondulou sobre a rua principal, com os corredores passando por baixo.

O prefeito de nossa cidade esteve na caçamba de um guindaste, cortesia da companhia local de eletricidade, que o ergueu acima da multidão. Com o microfone numa das mãos, ele preparou-se para dar o tiro de largada para centenas de competidores. A surpresa maior, porém, ainda estava por vir.

Através do ruído da multidão, e daquele mar de camisetas cor-de-rosa, o momento aproximou-se quase que em câmara lenta, como nos filmes. O tiro de partida soou no ar. O que eu pensava ser um microfone, era uma corda que libertou uma revoada de pombas brancas no claro céu azul bem acima da bandeira com o nome de minha companhia. Eu vira pombas brancas rodeando o céu naquele dia de julho, no cemitério. Naquele momento, na corrida, como se eu aguardasse por aquela libertação, compreendi que Deus tinha um plano para mim...

A chave para salvar uma vida é a educação. Conversar com amigos, familiares, vizinhos e companheiros de trabalho sobre o câncer de mama, fazer a mamografia, e lembrar outras mulheres de fazer este simples exame pode ser decisivo para salvar uma vida.

“Venham para a beirada”, chamou ele.
Eles responderam: “Estamos com medo”.
“Venham para a beirada”, insistiu.
Eles vieram.
Ele os empurrou...
E eles voaram.

GUILLAUME APOLLONAIRE

A Tela do Pintor de um Dia

Foi-me dada uma tela branca, para que eu pintasse meu dia com as cores que eu escolhesse. As responsabilidades que se estendem diante mim, e as circunstâncias, podem não mudar, mas tenho controle sobre as cores que escolho para pintar meu dia.

Posso pintar meu céu de cinza triste,
ou posso pintar nuvens cinzas para aguar a terra.

Posso pintar tristeza por causa de minha saúde
Ou posso alegrar meu coração porque estou viva.

Posso pintar espinhos num ramo de roseira,
Ou pintar rosas lindas.

Posso pintar as montanhas de trabalho à minha frente,
Ou posso ser agradecida por ter trabalho a fazer.

Posso escolher o vermelho e pintar a raiva de um amigo,
Ou posso colorir o meu coração com o
vermelho da gratidão,
E ser grata por meus amigos.

Posso pintar verde com inveja,
Ou pintar de dourado a coragem com que
Deus me tem abençoado.

Sou abençoada com uma paleta de esperança, coragem, bondade e paz.

Fica a meu critério a escolha das cores
para pintar meu dia.

ALDA ELLIS

Fontes

Corrida pela Cura
www.raceforthecure.com

Fundação do Câncer de Mama Susan G. Komen
www.breastcancerinfo.com

Faces de Esperança
www.facesofhope.com

Fundação Nacional do Câncer de Mama
www.nationalbreastcancer.org

Sociedade Americana do Câncer
www.cancer.org

Campanha Avon pela Conscientização do Câncer de Mama
www.avoncrusade.com

Aliança Nacional de Organizações do Câncer de Mama
www.nabco.org

Cartões da Irmandade
Vicki Kovaleski Fine Art
P.O. Box 17275
Little Rock, AR 72212
www.kovaleskistudio.com

Debbie Schatz
www.pinkribbonjewelry.com